Landschildkröten

REPTILIA

Landschildkröten

Veronika Müller · Wolfgang Schmidt

74 Farbfotos
5 Schwarzweißfotos
11 Zeichnungen

Terrarien Bibliothek
Natur und Tier – Verlag

Titelbild: *Geochelone pardalis* (A. Bannister, ABPL)
Vorsatz: *Geochelone nigra* (H. Maass)
Zeichnungen: Marianne Hoffmann (S. 27, 29, 60, 61, 64, 168, 172, 181)
　　　　　　 Matthias Schmidt (S. 33, 40)
Abbildung S. 8: „Brehms Tierleben" (dritte Auflage)

Veronika Müller
Wolfgang Schmidt

Landschildkröten

ISBN   3-931587-02-9

Die in diesem Buch enthaltenen Angaben, Ergebnisse, Dosierungsanleitungen etc. wurden vom Autor nach bestem Wissen erstellt und sorgfältig überprüft. Da inhaltliche Fehler trotzdem nicht völlig auszuschließen sind, erfolgen diese Angaben ohne jegliche Verpflichtung des Verlages oder des Autors. Beide übernehmen daher keine Haftung für etwaige inhaltliche Unrichtigkeiten.

Alle Rechte, insbesondere das Recht der Vervielfältigung und Verbreitung sowie der Übersetzung, vorbehalten. Kein Teil des Werkes darf in irgendeiner Form (Druck, Fotokopie, Mikrofilm oder andere Verfahren) ohne schriftliche Genehmigung des Verlages reproduziert oder unter Verwendung elektronischer Systeme verarbeitet, gespeichert oder vervielfältigt werden.

© 1995 Natur und Tier – Verlag, Matthias Schmidt
　　　Grevener Str. 163
　　　48159 Münster
　　　Satz und Druck: Druckhaus Cramer, Greven

Zum Geleit

Landschildkröten sind die einzigen Reptilien, die sich seit eh und jeh allgemeiner Akzeptanz, ja sogar weit verbreiteter Beliebtheit als Heimtiere erfreuen – ganz im Gegensatz zu den anderen Gruppen der Reptilien!

Es gibt aber auch keine anderen Reptilien, die unter dieser „Liebe" derartig gelitten haben und in vielen Teilen ihres urprünglichen Areals durch Absammeln verschwunden sind wie gerade die Landschildkröten! Die geringen Überlebensraten von importierten Landschildkröten, die letztlich als „Warenhaus-Tiere" unter die Leute gekommen sind, wie das bis in die 70er Jahre möglich war, sprechen eine deutliche Sprache. So war der gesetzliche Einfuhrstop der „Verbraucherländer" und schließlich das Ausfuhrverbot der Heimatländer eine unumgängliche, dringend nötige Folge. Die Nachfrage nach Landschildkröten als Terrarienpfleglinge hält jedoch unvermindert an – und sie kann heute zumindest bei den europäischen Arten bereits völlig aus Nachzuchten in menschlicher Obhut gepflegter Tiere befriedigt werden. Nach und nach erhöht sich auch die Zahl tropischer Landschildkröten, die regelmäßig gezüchtet werden und Nachschub für die Liebhaberei liefern. Die beträchtlich gestiegenen Preise, der beachtliche Wert dieser Tiere haben sich dabei sehr vorteilhaft auf ihre Chancen ausgewirkt, auch als „Wertstücke" behandelt und gepflegt zu werden.

Das Autorenteam – eine versierte Züchterin europäischer Landschildkröten und ein Experte in der Zucht aufwendig zu pflegender Echsen – haben sich zusammengetan, um eine Marktlücke zu schließen: ein Kompendium der Landschildkröten-Pflege und eine Übersicht über das Artenspektrum der Landschildkröten zu schreiben.

Aus der Fülle terraristischer Spezial- und Detailliteratur wird dieser Band bestimmt geeignet sein, gerade den Landschildkröten-Liebhabern, die der ganzen Vielfalt der Kriechtiere und Lurche kein gleichermaßen starkes Interesse entgegenbringen, in vielen Fragen der Landschildkröten-Pflege hilfreich zu sein.

Fritz Jürgen Obst
Staatliches Museum für Tierkunde Dresden

Vorwort und Dank

Trotz aller Aufklärung ist leider auch heute noch eine gewisse Abneigung gegenüber zahlreichen Amphibien- und Reptilienarten in unserer Gesellschaft weit verbreitet. Die große Ausnahme stellen die urtümlichen Schildkröten, insbesonders die Landschildkröten dar. Ihnen wird in der Regel weder mit Furcht noch mit Abscheu begegnet. Zwar halten einige Menschen die Tiere aufgrund ihrer langsamen und bedächtigen Bewegungen eher für stumpfsinnig, doch mißt die große Mehrheit, insbesondere die Völker in ihren Verbreitungsgebieten, ihnen Eigenschaften wie Gemütlichkeit, Ruhe und Weisheit bei. Dies zeigt sich vor allem in den Märchen und Legenden. Und so verwundert es auch nicht, daß zahlreiche Schildkrötenliebhaber eine ganz eigene Bindung zu ihren Pfleglingen aufgebaut haben, wie man sie sonst eher zu Säugetieren wie Hund oder Katze entwickelt.

Die Schildkröten sind heute eine zunehmend bedrohte Reptilienordnung. Vor allem die zahlreichen gravierenden Veränderungen in ihrem natürlichen Lebensraum, wie zum Beispiel das Fällen oder die Brandrodungen ganzer Wälder und das Umgestalten von Naturlandschaften in Agrarmonokulturen, führen zu immer weiteren Biotopverlusten. Obwohl sich die Schildkröten im Laufe der Zeit den veränderten Anforderungen ihrer Umwelt immer angepaßt haben – so stammt die älteste bekannte Schildkröte aus dem Trias und weist bereits den gleichen Grundbauplan wie unsere heutigen Arten auf -, scheint ihnen diesmal die Zeit nicht auszureichen, um eine Anpassung an die überall entstehende menschengeprägte Kulturlandschaft vorzunehmen. Daher kommt in Zukunft der artgerechten Pflege und somit auch der planmäßigen Vermehrung eine immer größere Bedeutung zu, auch um weitere Entnahmen aus der Natur zu vermeiden. Glücklicherweise werden heute schon viele Arten erfolgreich gepflegt und permanent nachgezogen.

Wir stellen deshalb das Bemühen um eine erfolgreiche Vermehrung als unser Hauptanliegen in den Mittelpunkt dieses Buches.

Ebenso wichtig ist es aber auch, immer mehr Menschen mit den faszinierenden Aspekten des Lebens dieser gar nicht so langweiligen Tiere vertraut zu machen. Denn nur ein entsprechendes Bewußtsein wird das Interesse der Menschen am Schutz der Schildkröten und deren Lebensräumen verstärken.

Haltung, Pflege und Aufzucht setzen vor allem Verantwortungsbewußtsein und Sorgfalt im Umgang mit den Schildkröten voraus, aber auch praktische Erfahrung und fachliches Wissen. Dieses Buch soll keine Enzyklopädie sein, die über den letzten Stand der Wissenschaft berichtet. Vielmehr will es neben der Darstellung und Beschreibung dieser interessanten Reptilien helfen, die eigenen Tiere artgerecht zu pflegen, und die wichtigsten Aspekte für eine erfolgreiche Nachzucht, ausgewogene Ernährung und eventuell nötige Winter- bzw. Sommerruhe aufzeigen.

Ganz besonders bedanken möchten wir uns vor allem bei Herrn Dipl.-Biologen Fritz Jürgen Obst (Staatliches Museum für Tierkunde Dresden), Herrn Dipl.-Biologen Rudolf Wicker (Leiter des Exotariums im Frankfurter Zoo), Herrn Christian Hoffmann (Wuppertal) und Herrn Heiko Werning (Berlin) für die kritische Durchsicht des Manuskripts und für zahlreiche wichtige Hinweise, ferner bei Herrn Dr. Willi Häfeli (CH-Darissil) für die Überarbeitung des Abschnittes über die Krankheiten.

Ebenso bedanken wir uns bei allen, die durch Informationen, Anregungen, Bereitstellen von Bildern und Besorgen der teilweise speziellen Literatur zum Gelingen dieses Buches beigetragen haben. Folgende Damen und Herren seien in alphabetischer Reihenfolge besonders erwähnt:

PD Dr. Wolfgang Böhme (Museum Alexander Koenig, Bonn), Dr. Fritz Fröhlich (Kiel), Wolfgang Großmann (Berlin), Dr. Wulf Haacke (Transvaal Museum, Pretoria), Friedrich Wilhelm Henkel (Bergkamen), Rene E. Honegger (Zoo Zürich), Markus Juschka (Düsseldorf), Michael Knöthig (Borken), Uwe Koschnitzke (Staufenberg), Inka Küffmann (Dortmund), Oliver Lang (Dortmund), Klaus Liebel (Herne), Rüdiger Lippe (Dortmund), Veronika Maass und Harro Maass (Ratingen), Matthias Mähn (Winnweiler), Dr. Michael Meyer (Herne), Jens Paasch (Dortmund), Erwin Schröder (Kiel), Harald Simon (Anröchte), Rainer Stockey (Hagen), M. Vriens (Rotterdam) und Rainer Zander (Garbsen).

Tierschutz soll ins Grundgesetz

Der Tierschutz soll als „Staatsziel" in die Verfassung aufgenommen werden! Das sieht ein Gesetzesentwurf zur Änderung des Grundgesetzes vor, den Rheinland-Pfalz und Sachsen-Anhalt im Bundesrat eingebracht haben (Abstimmung heute).

In Artikel 20 Grundgesetz soll es künftig heißen: „Tiere werden als Mitgeschöpfe geachtet. Sie werden im Rahmen der Gesetze vor vermeidbaren Leiden und Schäden geschützt."

Zur Begründung heißt es in der Gesetzes-Initiative u.a.: „Tiere sind Teil der Schöpfung, deren grundlegende Achtung und Bewahrung allen Menschen aufgegeben ist."

Bild-Z. 28.11.94

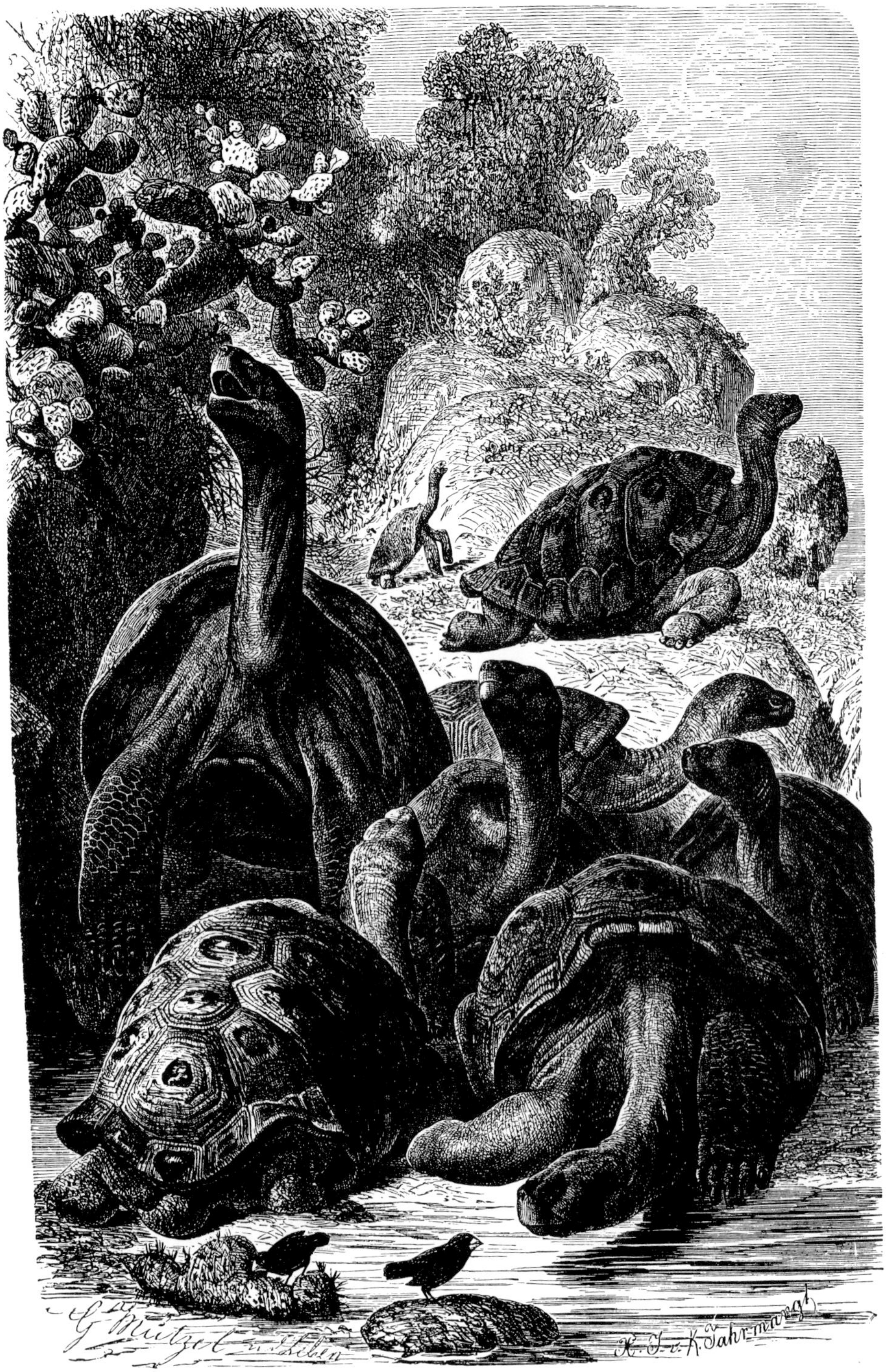

Inhaltsverzeichnis

Geleit 5
Vorwort und Dank 6
Einleitung 12

I. Herkunft, Biotop und Körperbau 15
Abstammung, Verbreitung und Systematik 15
Natürliche Lebensräume 20
Körperbau und Besonderheiten 25
Sinnesorgane 31
Aktivität und Verhalten 32
Alter 36

II. Fortpflanzung und Zucht 37
Geschlechtsbestimmung 39
Voraussetzungen für die Zucht 41
Paarung, Trächtigkeit und Eiablage 43
Eientwicklung 47
Inkubation und Schlupf 48
Aufzucht 52

III. Terrarienhaltung 55
Freilandterrarien 56
Zimmerterrarien 62
Terrarientechnik 65
Überwinterung 67
Ernährung 71
Krankheiten 75
Natur-, Arten- und Tierschutzbestimmungen 80

IV. Artenbeschreibungen 85

Chersina 85
– *Chersina angulata* 85

Geochelone 88
– *Geochelone carbonaria* 88
– *Geochelone chilensis* 91
– *Geochelone denticulata* 93
– *Geochelone elegans* 95
– *Geochelone gigantea* 98
– *Geochelone nigra* 100
– *Geochelone pardalis* 103
– *Geochelone platynota* 106
– *Geochelone radiata* 106
– *Geochelone sulcata* 109
– *Geochelone yniphora* 111

Gopherus 112
– *Gopherus agassizii* 113
– *Gopherus berlandieri* 114
– *Gopherus flavomarginatus* 115
– *Gopherus polyphemus* 117

Homopus 119
– *Homopus areolatus* 119
– *Homopus bergeri* 121
– *Homopus boulengeri* 123
– *Homopus femoralis* 125
– *Homopus signatus* 126

Indotestudo 129
– *Indotestudo elongata* 129
– *Indotestudo forstenii* 132

Kinixys 133
– *Kinixys belliana* 133
– *Kinixys erosa* 138
– *Kinixys homeana* 140
– *Kinixys natalensis* 143

Malacochersus 144
– *Malacochersus tornieri* 144

Manouria	147
– *Manouria emys*	148
– *Manouria impressa*	149
Psammobates	151
– *Psammobates geometricus*	151
– *Psammobates oculiferus*	153
– *Psammobates tentorius*	155
Pyxis	160
– *Pyxis arachnoides*	160
– *Pyxis planicauda*	163
Testudo	165
– *Testudo graeca*	165
– *Testudo hermanni*	170
– *Testudo horsfieldii*	174
– *Testudo kleinmanni*	177
– *Testudo marginata*	181
V. Anhang	184
Literaturverzeichnis	184
Anschriften	189
Register	190

Einleitung

Schon seit langer Zeit werden Landschildkröten in der Obhut von Menschen gepflegt. Wann die Anfänge der Schildkrötenhaltung jedoch genau waren, läßt sich wohl nicht mehr ermitteln. Aus Überlieferungen und Aufzeichnungen weiß man, daß die europäischen Landschildkrötenarten bereits im Mittelalter als Souvenir von der Mittelmeerküste und Kleinasien bis nach Mitteleuropa gelangten. Vermutlich waren es Kreuzritter, die die ersten Tiere mitbrachten und diese dann in ihren Burggärten teilweise über Jahre pflegten.

Auch in China und Indien wurden Schildkröten bereits seit Jahrhunderten in Tempeln gehalten.

Erst viel später, etwa zu Beginn des 19. Jahrhunderts, wurden einige Arten zu einem festen Bestandteil von Tiermenagerien und dann der späteren zoologischen Gärten. So stellte die Schönbrunner Menagerie in Wien seit 1816 europäische Landschildkröten aus. Bereits 1835 gelangte die erste Galápagos-Riesenschildkröte in die dortige Sammlung.

Noch viel später, etwa zu Beginn des 20. Jahrhunderts, entwickelten sich die Schildkröten zu begehrten Heimtieren, insbesondere die europäischen Landschildkrötenarten, zumal sie noch als unverwüstlich und anspruchslos galten. Hunderttausende von Tieren wurden in den folgenden Jahren in ihren natürlichen Verbreitungsgebieten abgesammelt und als Heimtiere in die Zoofachgeschäfte der Welt gebracht. Glücklicherweise haben die heutigen Artenschutzgesetze diesem Massenexodus einen Riegel vorgeschoben.

Auch heute noch sind Landschildkröten sehr begehrte Terrarienpfleglinge. Erfreulicherweise ist die Zahl der begeisterten Schildkrötenfreunde und der Zoos ständig gestiegen, die versuchen, durch Optimierung der Haltungsbedingungen und der Ernährung die Tiere zur planmäßigen Vermehrung zu bringen. Gerade auf diesem Gebiet wurden in den letzten Jahren beachtliche Ergebnisse erzielt. So werden zum Beispiel die europäischen Landschildkrötenarten heute schon so zahlreich nachgezogen, daß auf eine Entnahme aus der Natur verzichtet werden kann.

Aldabra-Riesenschildkröten in einer Freilandanlage.
Foto: K. Liebel

Abstammung

Fossile Landschildkröte *Stylemys nebrasciensis* LEIDY, 1851.
Diese Art kam im Oligozän und Miozän Nordamerikas vor. Das abgebildete Tier stammt aus dem Miozän von Bad Lands, Dacotha, USA.
Die Gattung *Stylemys* war mit ca. 12 Arten in Nordamerika, Asien und eventuell auch in Europa verbreitet. Es waren ursprüngliche, typische Landschildkröten, die in der Evolution der Landschildkröten eine wichtige Rolle gespielt haben. Die europäischen *Testudo* aus dem jüngeren Tertiär Europas haben noch deutliche anatomische Beziehungen zu *Stylemys*.

Foto: F. Höhler (Präparat aus dem Staatl. Museum für Mineralogie und Geologie zu Dresden)

I. Herkunft, Biotop und Körperbau

Abstammung, Verbreitung und Systematik

Abstammung: Wahrscheinlich haben sich die Schildkröten bereits vor über 200 Millionen Jahren zu einer eigenständigen Reptilienordnung (Testudines) entwickelt. Von kaum einer anderen vergleichbaren Tiergruppe sind so viele fossile Funde entdeckt worden wie von ihnen. Grund dafür ist die enorme Knochenmasse der Schildkröten im Vergleich zu anderen Wirbeltieren gleicher Größe. Doch trotz aller Zeugnisse aus der Vergangenheit ist die genaue Abstammung immer noch unklar.

Früher einmal nahm man an, daß die kleine fossile Echse *Eunotosaurus africanus* aus Südafrika ein Vorfahre der Schildkröten sei. Heute wissen die Wissenschaftler, daß die Abstammung dieser alten Reptilienordnung jedoch bei recht urtümlichen Sauriagruppen zu suchen ist. Sie leiten die Herkunft der Schildkröten direkt von den eigentlichen Stammreptilien (Cotylosauria) aus dem Oberen Karbon ab. Diese Ursprünglichkeit der Schildkröten – selbst die ältesten fossilen Funde weisen eine Art gepanzerten Körperbau auf – macht deutlich, daß die verwandtschaftlichen Beziehungen zu den anderen Reptilienordnungen nur sehr weitläufig sind. Vielmehr haben sich die Schildkröten als selbständige Ordnung parallel zu den übrigen Reptilien entwickelt.

Zur Zeit des Erdmittelalters kam es wahrscheinlich zur größten Ausbreitung der Schildkröten. Während einige Autoren von einer Blütezeit sprechen, gehen andere davon aus, daß auch die zahlreichen fossilen Funde nicht dafür sprechen, daß die Schildkröten in früheren Epochen wesentlich arten- und individuenreicher verbreitet waren, als sie dies heute noch in der unberührten Natur sind. Genauere Angaben zu diesen Themen findet man unter anderem bei OBST (1985).

Verbreitung: Da die Landschildkröten wie alle Reptilien zu den wechselwarmen Tieren gehören, ist ihr Verbreitungsgebiet stark klimaabhängig. So findet man die meisten Arten in den tropischen und subtropischen Regionen der Erde, etwa zwischen dem nördlichen und dem südlichen Wendekreis. Heute leben die Landschildkröten hauptsächlich in Afrika, auf Madagaskar, auf dem Aldabra-Atoll, in Pakistan, in Indien und von dort aus bis weit nach Südostasien hinein, in Süd- und Mittelamerika sowie auf den Galápagos-Inseln. Fast 20% der Arten dringen aber auch bis nach Südeuropa, Westasien sowie den Südwesten und Südosten Nordamerikas vor. Die größte Artenvielfalt findet sich in Afrika, und dort besonders im Süden. Erst in jüngster Zeitgeschichte, etwa mit Beginn

Verbreitung

**Globale Verbreitung
der Landschildkröten**

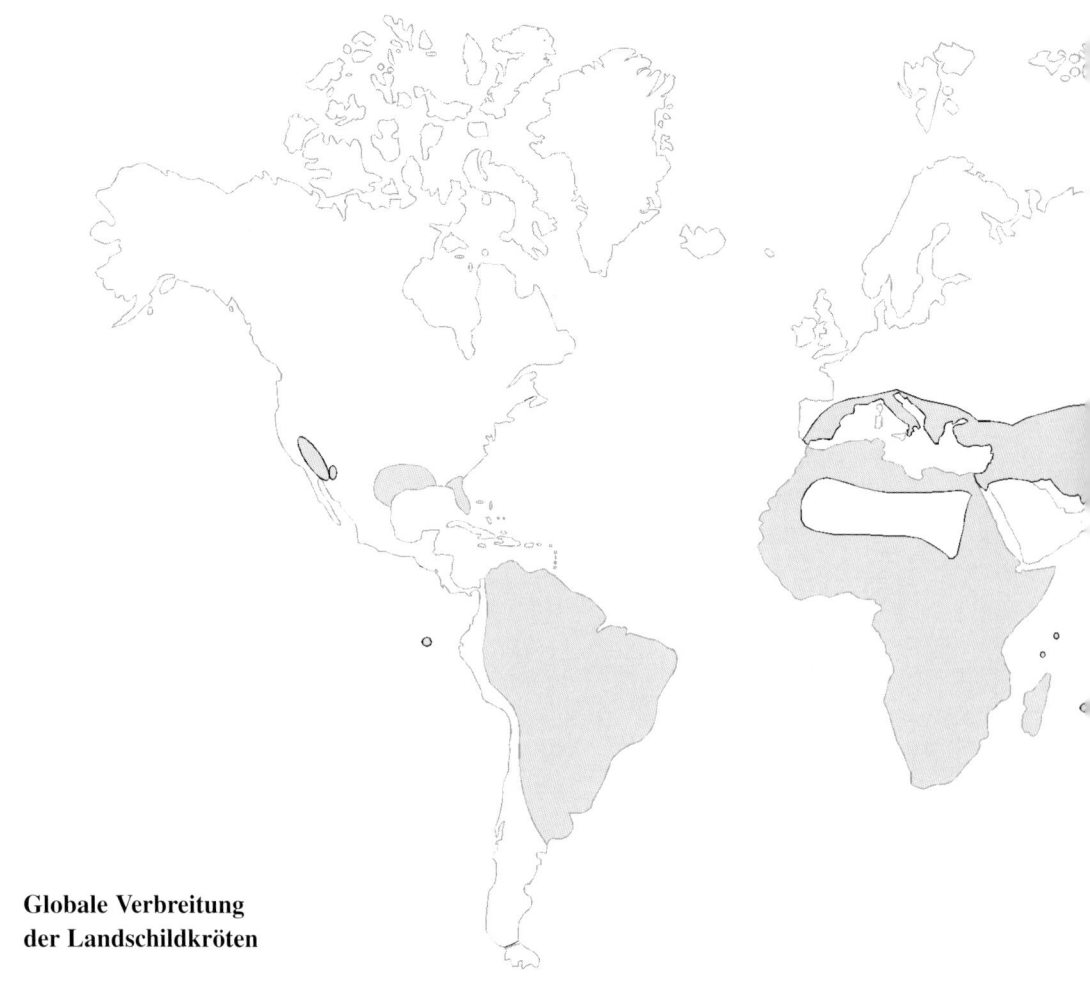

der Kolonialisierung, wurden zum Beispiel auf den Maskarenen, wie auch auf anderen Inseln im Indischen Ozean, zahlreiche endemische Arten durch menschliche Verfolgung ausgerottet.
Fossilienfunde belegen, daß die Landschildkröten früher einmal sehr viel weiter verbreitet waren. So sind Funde aus Deutschland und sogar aus England bekannt. Aber auch Zentralasien, Japan, die westindischen Inseln (Karibik) sowie Nordamerika und Kanada gehörten zu ihren Lebensräumen. Die ältesten versteinerten Landschildkrötenfunde stammen aus dem Eozän. Es handelt sich dabei um die Arten *Geochelone (Manouria) majusculus* aus New Mexico und *Testudo comptoni* von der vor England gelegenen Isle Sheppey. Wann genau sich jedoch die Landschildkröten von den Wasserschildkröten und den Meeresschildkröten trenn-

Riesenformen entwickelt. So lebte in Mitteleuropa eine *Manouria*-Art, die eine Panzerlänge von 120 cm erreichte, wie Versteinerungen aus dem Sirseltal bei Halle zeigen. Ihre nächsten Verwandten leben heute nur noch in Südost-Asien. Die größte Art jedoch fand man in den pleistozänen Ablagerungen Indiens und einiger Sundainseln. Diese Landschildkröte, *Megalochelys atlas*, erreichte eine Panzerlänge von 2,5 m! Ähnlich große Landschildkröten wurden auch auf Samos gefunden. Gegen diese ausgestorbenen Kolosse wirken die letzen Riesenlandschildkröten vom Aldabra-Archipel und von den Galápagos-Inseln recht bescheiden.

Systematik: Bei den heute noch vorhandenen Landschildkröten-Formen ist ein schnelles Bestimmen der Art oder der Gattung auf den ersten Blick häufig nicht so leicht. So sind meist mehrere Merkmale ausschlaggebend, wie zum Beispiel die Anordnung der Schilder von Bauch- und Rückenpanzer sowie deren Form und Größe. Aber auch die Färbung und das Zeichenmuster können beim Bestimmen hilfreich sein, wobei man jedoch nicht vergessen darf, daß diese häufig mit zunehmendem Alter verblassen oder sich ändern. Im Gegensatz zum Rückenpanzer behält der Bauchpanzer häufig wesentlich länger seine Färbung, und lediglich die Zeichenmuster verblassen im Laufe der Zeit. Zur genauen Bestimmung ist es manchmal unerläßlich, den exakten Fundort der betreffenden Schildkröte zu kennen.

ten und eine eigene Entwicklung durchmachten, läßt sich nicht exakt bestimmen. Von den heute noch lebenden Formen stellen die Arten der Gattung *Manouria* die ursprünglichsten dar. Die ältesten Funde in Deutschland, *Geochelone (Manouria) eocaenica,* stammen etwa aus dem Ende des Eozäns.
Während des Tertiärs war die sogenannte „Blütezeit" der Landschildkröten. In dieser Zeit haben sich zahlreiche

Systematik

Die Landschildkröten aus der Familie Testudinidae lassen sich recht leicht von den übrigen Schildkröten unterscheiden. So haben die Vorderbeine im Querschnitt eine mehr oder weniger rundliche Form. Außerdem sind die Finger und Zehen nicht mehr erkennbar, sondern vielmehr zu einem Klumpfuß verwachsen, an dem nur noch die Nägel frei herausragen. In der Regel besitzen alle Landschildkrötenarten fünf Zehen, von einigen Ausnahmen abgesehen, wie zum Beispiel der Vierzehen-Landschildkröte *(Testudo horsfieldii)*. Wie ihr Name schon sagt, besitzt sie nur vier Zehen an den Vorderfüßen.

Betrachtet man die rezenten Schildkrötenarten insgesamt, so wird die Ordnung Testudines (= Schildkröten) in zwei Untergruppen, nämlich die Cryptodira (Halsberger) und die Pleurodira (Halswender), unterteilt. Die Unterscheidung, welcher Gruppe die einzel-

Landschildkröten, wie diese *Pyxis planicauda*, gehören zur Gruppe der Halsberger.
Foto: K. Liebel

nen Arten zuzuordnen sind, ist einfach. So sind die Halsberger in der Lage, ihren Kopf in den Panzer einzuziehen, während die Halswender den Kopf seitlich unter dem Panzer abwenden.

Die Halsberger waren die in der Evolution wesentlich erfolgreichere Gruppe und haben hochgradig spezialisierte Land-, Süßwasser- und Meeresschildkröten hervorgebracht. Hingegen blieben die evolutionsmäßig eher „konservativen" Halswender nur auf das Süßwasser beschränkt.

Will man die Systematik weiter ins Detail verfolgen, so stellt man schnell fest, daß es in den letzten Jahrzehnten offenbar einen großen Fortschritt in der wissenschaftlichen Erforschung der Landschildkröten gegeben hat. Früher betrachtete man die ganze Familie zugleich als eine einzige Gattung, wertete also die große Ähnlichkeit in morphologischer und biologischer Hinsicht fälschlich zugleich als engste Verwandtschaft. Tatsächlich aber verbirgt sich hinter dieser scheinbar hohen „Uniformität" nur parallele Spezialisierung (Konvergenz), die zu ähnlichen Ergebnissen führte, als stammesgeschichtliche und heute genetische Nähe. Am deutlichsten drückt sich das in der ständig steigenden Akzeptanz verschiedener Gattungen von Landschildkröten aus, die aus dem „Sammeltopf" *Testudo* im ältesten Sinne herausgenommen und in der wissenschaftlichen Literatur eingeführt wurden. Nimmt man die beste Ausgabe des berühmten „Brehms Tierleben" von 1912/13 zur Hand und schlägt dort die Reptilienbearbeitung auf, die von PROF. DR. FRANZ WERNER aus Wien stammt (seinerzeit einer der führenden Herpetologen der Welt), so findet man dort neben der Riesenzahl der „*Testudos*" immerhin schon die drei Gelenkschildkröten-Arten Afrikas als *Kinixys* abgetrennt und akzeptiert. Ebenso werden die madagassischen Spinnenschildkröten als Gattung *Pyxis* und die ebenfalls madagassische Flachrückenschildkröte als Gattung *Acinixys* dort bereits separat geführt. 1961 erschien das berühmte Buch von ROBERT MERTENS & HEINZ WERMUTH: „Schildkröten-Krokodile-Brückenechsen". Diese beiden damals weltweit als führende Spezialisten bekannten Zoologen teilen die Landschildkröten bereits in 6 Gattungen auf: *Gopherus, Homopus, Kinixys, Malacochersus, Pyxis* und *Testudo*.

PRITCHARD gliedert in seiner 1979 erschienen „Encyclopedia of Turtles" die Landschildkröten in *Aldabrachelys, Acinixys, Chersina, Geochelone, Gopherus, Homopus, Kinixys, Malacochersus, Pseudotestudo, Pyxis* und *Testudo*. In der „Welt der Schildkröten" von OBST (1985) ist von folgenden Landschildkröten-Gattungen die Rede: *Agrionemys, Asterochelys, Chersina, Chelonoidis, Geochelone, Gopherus, Homopus, Indotestudo, Kinixys, Malacochersus, Manouria, Megalochelys, Psammobates, Pyxis* und *Testudo*. Unser „jüngster" Bezugsmann, JOHN IVERSON, gliedert 1992 die Landschildkröten in nur 11 Gattungen mit 40 Arten. Beim Vergleich der jüngeren Werke (1985 bis heute) schwankt also die Zahl der akzeptierten Gattungen doch bemerkenswert. Das beruht sicher auf Meinungsverschiedenheiten der Forscher in der Bewertung der Stammesgeschichte und Verwandtschaft der betroffenen Landschildkröten und läßt den Schluß zu, daß hinsichtlich deren Erforschung das letzte Wort offenbar noch längst nicht gesprochen ist: also ist auch künftig Hinzulernen und Umlernen für den Landschildkröten-Liebhaber angesagt.

Natürliche Lebensräume

Da die Landschildkröten wie alle Reptilien zu den sogenannten wechselwarmen Tieren gehören, ist ihre Verbreitung stark von den klimatischen Gegebenheiten abhängig. Dabei sind nicht ausschließlich die Temperaturen entscheidend, sondern auch der Feuchtigkeit kommt eine besondere Bedeutung zu: ein Umstand, dem bei der Pflege tropischer Arten häufig zu wenig Beachtung geschenkt wird. Interessanterweise spielt nicht nur der direkte Niederschlag eine wichtige Rolle, sondern vielmehr der Feuchtigkeitsgehalt des die Tiere umgebenden Substrates, wie zum Beispiel die Feuchtigkeit des Bodens, der Laubschicht oder die relative Luftfeuchtigkeit des Verstecks, in dem sich die Schildkröte aufhält (Mikroklima). Daneben können aber auch bestimmte Futterpflanzen, Bodensubstrate, Vegetationsformen oder eine Kombination der unterschiedlichsten Faktoren ausschlaggebend für die Lebensmöglichkeit einer bestimmten Art sein. Gerade für die artgerechte Pflege der hochspezialisierten, meist in kleinen inselartigen Lebensräumen vorkommenden Arten ist es unerläßlich, all diese Gegebenheiten zu kennen und bei der Haltung umzusetzen.

Die meisten Landschildkröten sind Bewohner des Steppen- und Wüstengürtels in der Alten und in der Neuen Welt. In der Regel zeichnen sich diese Gebiete durch extreme Schwankungen der Temperaturen im Tagesverlauf aus. So klettert bereits am frühen Morgen das Thermometer in Bereiche, die den Landschildkröten sehr angenehm sind. Im Laufe des Tages steigen die Temperaturen dann bis auf Werte, die den Tieren unerträglich sind, so daß die Schildkröten eine Mittagsruhe einlegen, die bis zum späten Nachmittag andauert. Sobald sich die Temperaturen etwas gesenkt haben, werden die Tiere wieder aktiv, und erst kurz vor Sonnenuntergang suchen die meisten Arten ihre Schlafplätze auf. Nachts kann es zu einer starken Abkühlung und damit Taubildung im Biotop kommen. Diesen Bedingungen haben sich die Landschildkröten in verschiedenster Weise angepaßt. Nicht nur Graslandschaften, Steppen und Wüsten zählen zu den Lebensräumen der Landschildkröten, es gibt auch Arten, die in Trocken-, Galerie-, Berg- bis hin zu den immergrünen Regenwäldern leben.

Die europäischen Landschildkrötenarten gehören zur typischen Fauna der Mittelmeergebiete. Sie besiedeln die unterschiedlichsten Landschaftstypen und Vegetationszonen. Man findet sie meist auf sandigem bis steinigem Boden, von der ersten Küstenvegetation bis in die Berge. Dabei handelt es sich aber immer um offene Trockenlandschaften wie Steppen, Halbsteppen, Macchien, Dünen, Trockenwiesen und lichte Wälder. Gemeinsam ist all diesen Lebensräumen, daß sie eine starke Sonneneinstrahlung ermöglichen.

In diesen Biotopen finden die Landschildkröten nach der Beendigung der Winterruhe reichlich Nahrung wie frische saftige Triebe und ähnliches. Auch sind häufig flache Pfützen vorhanden, aus denen sie ihren Wasserbedarf decken können.

Im Laufe des Sommers geht das Nahrungs- und Wasserangebot merklich zurück. Dank des gut ausgeprägten Geruchssinns finden die Landschildkröten aber noch genügend Nahrung nicht nur in Form von Pflanzen, sondern auch in tierischen Exkrementen und sogar Aas. Die nötige Flüssigkeit nehmen sie in der Regel beim Verzehr von saftigen (wasserspeichernden) Pflanzen wie zum Beispiel Sukkulenten auf. Mit den scharfen Hornschneiden ihrer Kiefer sind sie in der Lage, auch Pflanzen mit harter Oberfläche zu verzehren. Im Sommer und Herbst ergänzen Früchte und Samen das Nahrungsangebot.

Wohl eher aufgrund fehlender Feinde als aufgrund des Lebensraumes konnten sich die Riesenschildkröten auf einigen Inseln bis in unsere Zeit erhalten. Um in ihren auf den ersten Blick eher „riesenschildkrötenfeindlichen" Lebensräumen existieren zu können, zeigen sie erstaunliche Anpassungen. So steigen die Riesenschildkröten der Galápagos-Inseln auf einigen Inseln zur Nahrungsaufnahme an den immergrünen Hängen der Vulkane empor, während sie ihren Flüssigkeitsbedarf in der flachen, mit Sümpfen bedeckten Ebene decken. Dafür unternehmen die Schildkröten lange Wanderungen auf uralten, durch die jahrtausendelange Benutzung zahlloser Schildkröten inzwischen glattgeschliffenen Wegen.

Auch die madagassischen Landschildkröten bewohnen nur ganz spezielle Lebensräume. Das Verbreitungsgebiet der Spinnenschildkröte (*Pyxis arachnoides*) zum Beispiel erstreckt sich über die südwestliche Küstenregion Madagaskars. Es handelt sich dabei immer um sandigen Boden mit semiarider Dornbuschvegetation. Selbst in den Dünen am Meer findet man die Tiere. Die jährliche Niederschlagsmenge von 400 mm fällt meist ausschließlich während der kurzen Regenzeit von Dezember bis Februar. In dieser Zeit sind die Schildkröten besonders aktiv. Die recht kühle Trockenzeit verbringen sie vergraben im Boden.

Die nah verwandte Flachrücken-Schildkröte (*Pyxis planicauda*) bewohnt hingegen einen kleinen isolierten, laubabwerfenden Trockenwald. Es handelt sich dabei um einen recht dichten Baumbestand mit nur wenig Pflanzenwuchs im Bodenbereich. Die

Gopherus agassizii **im Biotop.** Foto: F. W. Henkel

Lebensräume

Schildkröten leben dort sehr versteckt im Laubstreu und ernähren sich wahrscheinlich von Früchten und Samen. Auch diese Art verbringt die kühle Trockenzeit vergraben in der Humusschicht.

Ebenfalls ein reiner Waldbewohner ist die Madagassische Schnabelbrustschildkröte (*Geochelone yniphora*), die vermutlich seltenste Schildkrötenart der Welt. Ihr Verbreitungsgebiet ist ein weniger als 80 km² großes laubabwerfendes Trockenwaldreststück. Man schätzt die heutige Populationsstärke auf 100–400 Tiere. Auch diese Art ist nur während der Regenzeit aktiv und verbringt die Trockenperiode inaktiv verborgen im Bambusdickicht.

Einen ganz anderen Lebensraum bewohnt die Pantherschildkröte (*Geochelone pardalis*), eine Art, die in den Steppen, Savannen und Halbwüsten Afrikas südlich der Sahara lebt. Die Tiere verbringen meist eine kurze Sommerruhe vergraben im Boden, um der großen Hitze und der damit verbundenen Trockenheit zu entgehen.

Wesentlich vielfältiger ist das Verbreitungsgebiet der Argentinischen Landschildkröte (*Geochelone chilensis*). Die Tiere leben in den unterschiedlichsten Trockenlandschaftstypen Südamerikas. Man findet sie sowohl in Trocken- und Dornenbuschwäldern als auch in Savannen und in der Pampa.

Bei einigen Landschildkröten ist das Verbreitungsgebiet unter anderem auch abhängig von der vorhandenen Nahrung. Dies trifft zum Beispiel für die Stachelrandschildkröte (*Psammobates oculiferus*) zu, eine Art, die die wüstenähnlichen Trockengebiete Südafrikas bewohnt und sich dort ausschließlich von Sukkulenten und Hartlaubgewächsen ernährt.

Ähnlich verhält es sich auch bei der Geometrischen Landschildkröte (*Psammobates geometricus*). Sie bewohnt nur ein kleines isoliertes Gebiet in der Kapprovinz Südafrikas. Es handelt sich dort um eine hügelige, steppenartige Landschaft, in der sich die Tiere von Sauergräsern ernähren.

Die höheren Gebirgsregionen des südlichen Afrikas werden von den Flachschildkröten (verschiedene *Homopus*-Arten) bewohnt, deren Körperbau leicht abgeflacht ist. Die hervorragend kletternden Schildkröten leben von den dort vorkommenden Sukkulenten.

Besonders gut an den felsigen Lebensraum angepaßt ist die Spaltenschildkröte (*Malacochersus tornieri*). Die Art bewohnt einzelne größere, aus der Savanne herausragende Felsen bis in eine Höhe von 1800 Metern. Ab einer Höhenlage von etwa 1000 Metern weist das Verbreitungsgebiet mit enormen Tageshöchsttemperaturen und einer starken Abkühlung nachts ein extremes Klima auf. Diesem Lebensraum haben sich die Spaltenschildkröten in der Weise angepaßt, daß sie nur eine kurze Aktivitätszeit morgens und eine längere abends in der Dämmerungsphase benötigen. Die Temperaturschwankungen werden durch die von den Steinen gespeicherte Wärme gedämpft. Selbst bei Temperaturen von 12–15 °C am frühen Morgen fressen die Tiere bereits. Die heißeste Zeit des Tages verbringen die ausgezeichneten Kletterer in geschützten Felsspalten, die aber kühlere Temperaturen und meist auch eine höhere relative Luftfeuchtigkeit aufweisen.

Wieder andere Arten haben sich den Steppen und Wüsten angepaßt, indem sie sich Wohnhöhlen graben, um dort eine Sommer- und/oder Winterruhe verbringen zu können. Dazu gehören die Vierzehen-Landschildkröte (*Testudo horsfieldii*), die amerikanischen Gopher-Schildkröten (*Gopherus*) und die Sporenschildkröte (*Geochelone sulcata*). Letztere graben bis zu 14 Meter lange Gänge, die auch von anderen Tierarten bewohnt werden.

Sehr schwierig gestaltet sich die artgerechte Haltung von Arten, die die unterschiedlichsten Lebensräume bewohnen und deren genaue Herkunft unbekannt ist. Zu diesen gehört die Sternschildkröte (*Geochelone elegans*). Sie bewohnt sowohl die Trockengebiete mit extrem schwankenden Tagestemperaturen und einem krassen Wechsel von Regen- und Trockenzeit, als auch Galeriewälder oder gar Regenwälder. Dabei findet man die Tiere sowohl in den Dünen an den Küsten als auch in den Bergwäldern der Gebirgsregionen.

Die sehr nah verwandten südamerikanischen Arten Köhlerschildkröte (*Geochelone carbonaria*) und Waldschildkröte (*Geochelone denticulata*) haben sich wahrscheinlich als Folge einer Anpassung an unterschiedliche Lebensräume entwickelt. So bewohnt *Geochelone denticulata* überwiegend die feuchtheißen Waldgebiete und *Geochelone carbonaria* mehr die heißen, savannenartigen Landschaften.

Einen für Landschildkröten eher ungewöhnlichen Lebensraum bewohnen die Stutz-Gelenkschildkröte (*Kinixys homeana*) und die Stachelrand-Gelenkschildkröte (*Kinixys erosa*), beides Arten, die in tropischen Wäldern und selbst noch in den Kulturlandschaften Äquatorial-Westafrikas zu finden sind. Diese Lebensräume weisen eine hohe relative Luftfeuchtigkeit auf. Die Schildkröten baden gerne im flachen Wasser und ernähren sich in der Natur hauptsächlich von Sumpfpflanzen und deren Früchten, erbeuten aber auch Kaulquappen.

Die stärkste Bindung von beiden an den Lebensraum Wasser weist *Kinixys erosa* auf. Gegen Ende der Regenzeit jagt sie in temporären Gewässern sogar nach Amphibienlarven und den verbliebenen Fischen.

Körperbau und Besonderheiten

Wenn man über Landschildkröten spricht, so denkt man als erstes immer an den charakteristischen, sehr soliden Panzer. Dieser ist quasi ihr Markenzeichen, das sie auch von anderen Schildkrötenfamilien unterscheidet, die zum Teil recht reduzierte Panzer haben.

Alle Landschildkröten besitzen einen Knochenpanzer, der sich aus umgestalteten Knochen des Skelettes, aber auch aus speziell gebildeten Hautknochen entwickelt hat. So ist ein großer Teil der Wirbelsäule und des Schultergürtels gelenkig, aber untrennbar mit dem Panzer verbunden. Nur das Becken ruht zum Teil verwachsen in ihm. Rein optisch stellt sich der Panzer als eine Art tonnenförmige Wölbung dar, unter der sich das eigentliche Tier verbirgt. Dadurch verfügen die Schildkröten über eine beachtliche Stabilität bei gleichzeitig ausreichender Elastizität. Bei allen Landschildkröten ist der Rückenpanzer (Carapax) mit dem Bauchpanzer (Plastron) starr verbunden und variiert in der Form nur wenig. Lediglich die Spaltenschildkröte weist einen stark abgeflachten Körperbau auf. Einige Arten, wie zum Beispiel die *Geochelone yniphora*-Männchen, besitzen dornartige Fortsätze, andere, etwa *Testudo marginata*, zeigen deutliche, aber glatte Panzerverbreiterungen.

Man sollte die Schutzwirkung des Panzers jedoch nicht überschätzen. Zwar ist die Festigkeit enorm, insbesondere wenn sich der Druck langsam und gleichmäßig verteilt, – so können sich zum Beispiel problemlos mehrere Personen auf eine Riesenschildkröte setzen, ohne daß diese Schaden erleidet – doch reagieren die Tiere auf plötzliche, punktuelle Druckbelastungen sehr empfindlich. Ebenso darf man seine Schildkröte niemals fallen lassen, da dies Knochenbrüche und schwere Verletzungen der inneren Organe zur Folge haben kann. Auch die Gefäße würden Schaden nehmen, und es bestünde die Gefahr des inneren Verblutens. Der Panzer bietet also nur bedingten Schutz.

Wollte man sich die Struktur des Panzeraufbaus einmal genauer anschauen, müßte man die den Panzer bedeckenden Hornschilder entfernen. Dann ließen sich die unterschiedlichen Knochenplatten, die interessanterweise nicht in Form und Größe mit den sie bedeckenden Hornplatten übereinstimmen, gut erkennen. Entwickelt hat sich der normalerweise aus etwa 50 Knochen bestehende Panzer aus umgebildeten Skeletteilen und als Besonderheit durch das Ausbilden von Hautknochen. So wird der Rückenpanzer aus Wirbelplatten gebildet, die als Umbildungen der Dornenfortsätze der Rückenwirbel zu sehen sind. Außerdem besteht er aus Rippenplatten, die als Transformationen der Rippen und Hautknochen gelten, und aus den Nacken-, Hinter- und Schwanzplatten, die alle Hautknochen ohne erkennbare Beziehung zum „klassischen" Wirbeltierskelett darstellen. Auch der Bauchpanzer besteht aus zahlreichen Knochenplatten, die ebenso durch die Veränderung ursprünglicher Skeletteile und durch das Anlegen von Hautverknöcherungen gebildet wurden. Bei einigen Arten ist das Plastron nicht starr, sondern zum Teil beweglich. Dies gilt vor allem für die alten Weibchen einiger *Testudo*-Arten. Diese leichte Beweglichkeit des hinteren Plastronteils stellt eine gewisse Erleichterung bei der Eiablage dar.

Über die ursächliche Entstehung des Panzers gibt es die unterschiedlichsten Hypothesen. Es scheint jedoch am

Körperbau – Besonderheiten

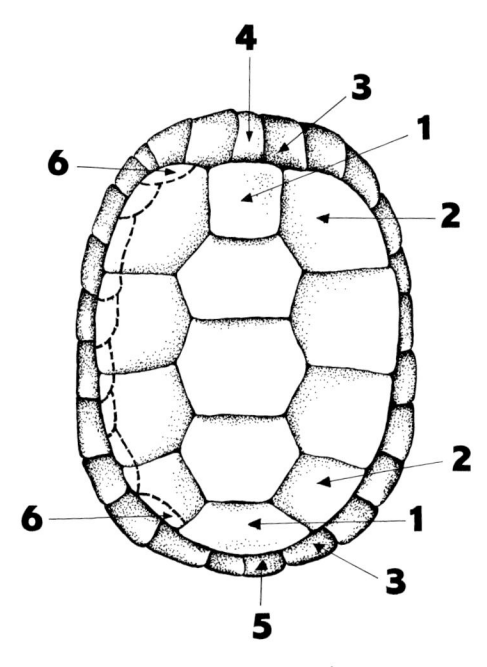

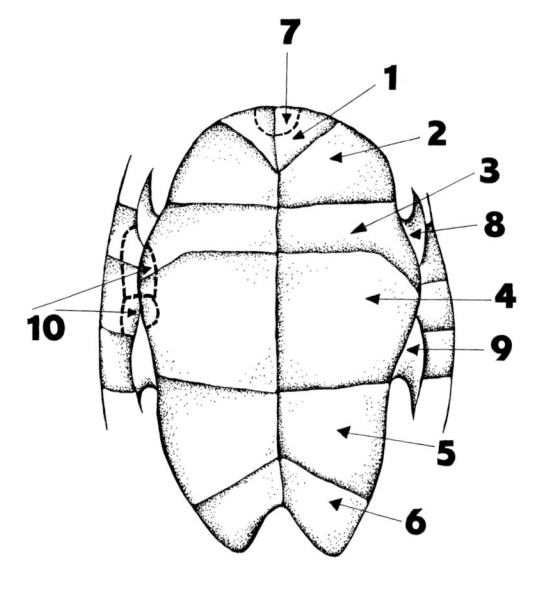

Rückenpanzer

1 Wirbelschild
2 Rippenschild
3 Randschild
4 Nackenschild
5 Schwanzschild
6 Oberes Zwischenschild

Bauchpanzer

1 Kehlschild
2 Armschild
3 Brustschild
4 Bauchschild
5 Schenkelschild
6 Afterschild
7 Zwischenkehlschild
8 Achselschild
9 Hüftschild
10 Unteres Zwischenschild

wahrscheinlichsten, daß es sich um eine Anpassung an eine grabende Lebensweise der Urschildkröten handelt, vergleichbar mit den Gürteltieren unter den Säugern, die ebenfalls einen schützenden Panzer ausgebildet haben. Im Laufe der Evolution erwies sich der schwere Panzer jedoch als hinderlich, und so haben zahlreiche Arten versucht, sein Gewicht erheblich zu verringern. Dies geschah durch Reduzierung des Panzers oder der Knochenmasse. Von den Landschildkröten hat sich nur die Spaltenschildkröte (*Malacochersus tornieri*) für die erste Möglichkeit entschieden, allerdings weniger zur Gewichtsreduzierung als vielmehr zur Erlangung einer größeren Flexibilität. So haben die Spaltenschildkröten einen sehr flachen Körperbau, der es ihnen ermöglicht, sich bei Gefahr problemlos in schützende Felsspalten zurückziehen und dort festklemmen zu können. Eine tatsächliche Gewichtsverringerung findet man zum Beispiel bei den Riesenschildkröten. Zu diesem Zweck sind ihre Knochenplatten mit Luftkammern schwammförmig versehen. Um die ursprüngliche Stabilität beizubehalten, bestehen die „hohlen" Knochen aus ineinander verschachtelten, unterschiedlich starken Trennwänden und Streben, die damit eine sogenannte „Bläschenstruktur" bilden.

Ein starrer Panzer bringt aber einige Probleme mit sich. Zwar bietet das Außenskelett den innen untergebrachten Organen einen enormen Schutz, doch gleichzeitig werden wichtige Funktionen behindert oder erschwert. Dazu gehören die Fortbewegung, die Fortpflanzung, die Nahrungsaufnahme, die Atmung und andere wichtige Lebensabläufe.

Einige Arten haben die Schutzfunktion des Panzers durch besondere Verschlußmechanismen noch erheblich gesteigert. Da wären als erstes die Scharniere zu nennen, mit deren Hilfe die Spinnenschildkröte (*Pyxis arachnoides*) einen Teil des Bauchpanzers hochklappen kann, um Kopf und Vorderbeine besser zu schützen. Dieses gut entwickelte Querscharnier sitzt an der Vorderkante der Abdominalschilder. Über eine weitere bemerkenswerte Verschlußtechnik verfügen die *Kinixys*-Arten. Sie besitzen im Rückenpanzer ein bewegliches Scharnier, welches ihnen ermöglicht, den hinteren Carapax-Abschnitt über die Hinterbeine abzusenken.

Da die Wirbelsäule am Panzeraufbau beteiligt ist, sind als bewegliche Teile nur noch der Schwanz und der Kopf übrig. Damit der Kopf nun durch s-förmige Krümmungen des Halses wirklich eingezogen werden kann, fehlen an der Halswirbelsäule die Querfortsätze der Halswirbel.

Bei den Landschildkröten sind die Oberarme und Oberschenkel rechtwinklig zu den Seiten gebogen, wodurch sie den Panzer federnd tragen können. Um dem ganzen die nötige Stabilität zu verleihen, sind die Extremitäten säulenförmig aufgebaut. Die Füße sind stumpf verwachsen, so daß man keine Zehen erkennen kann. Nur die kräftigen Nägel schauen hervor. Zwar werden häufig Witze über die gemächliche Gangart gemacht, doch sind die Landschildkröten im Prinzip gute Läufer: nicht sehr schnell, aber dafür um so ausdauernder. Das bekannteste Beispiel dafür sind die langen Wanderungen der Riesenschildkröten auf den Galápagos-Inseln.

Eine weitere Besonderheit der Schildkröten ist der im Vergleich zum Körper kleine, recht urtümliche Schädel, der bei den meisten Landschildkröten nur mäßig lang ist. Da er keine Schläfenöffnungen aufweist, faßt man alle Schildkröten zur Unterklasse Anapsida zusammen.

Alle rezenten Arten besitzen keine Zähne, vielmehr übernehmen kräftige scharfkantige Hornleisten die Aufgabe der Nahrungszerkleinerung. Einige vollkommen vegetarisch lebende Arten besitzen gezähnte Hornschneiden, da diese besser zum Abbeißen von Pflanzenteilen geeignet sind.

Wie bei allen Reptilien wächst auch bei den Landschildkröten die Oberhaut (Epidermis), die von lederartiger Beschaffenheit ist, nicht mit und muß so-

Körperbau – Besonderheiten

1 Nasenschild
2 Vorderes Stirnschild
3 Stirnschild
4 Schläfenschild
5 Ohrschild
6 Trommelfell

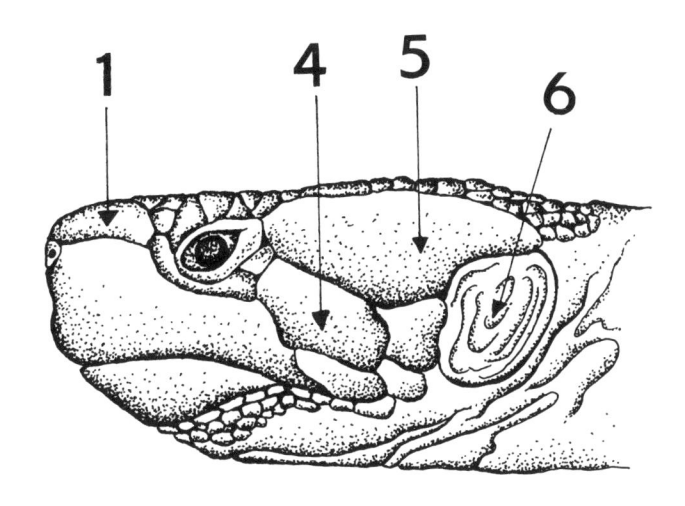

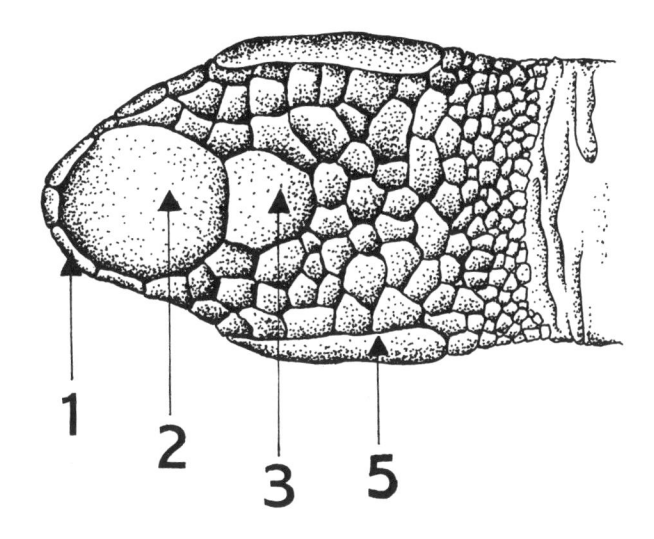

Körperbau – Besonderheiten

mit in regelmäßigen Abständen durch Häutungen erneuert werden. Dafür wird die alte Haut am Hals und an den Beinen abgestreift, nicht jedoch die auf dem Panzer. Die Haut ist an den Gliedmaßen und am Kopf mit Hautschuppen und Hornplatten bedeckt. Einige Arten besitzen auch Höcker auf den Oberschenkeln oder eine nagelartige Schuppe am Schwanzende, den sogenannten Schwanznagel. Der Panzer ist von großen Hornschildern, die deutlich konzentrische Rillen aufweisen können, bedeckt. Diese Ringe stammen von den einzelnen Wachstumsperioden, müssen aber nicht mit dem Lebensalter der Schildkröte übereinstimmen. Sie entstehen dadurch, daß während des Wachstums die alten Schilder nicht abgestoßen werden, sondern sich einfach die neue Hornschicht unter der alten bildet. So sind die neuen Hornplatten wie ein Ring unter den alten sichtbar.

Bei dieser *Geochelone radiata* sind die großen Hornschilder mit den einzelnen Wachstumsringen gut zu erkennen.

Foto: W. Schmidt

Eine Besonderheit, die im Zusammenhang mit dem Körperbau erwähnt werden muß, ist die Atmung. Schildkröten sind nicht in der Lage, wie andere landbewohnende Wirbeltiere durch Bewegungen ihres Brustkorbes zu atmen. Sie mußten andere Mechanismen entwikkeln. Durch eine besondere Muskulatur wird die Luft eingezogen beziehungsweise herausgepreßt. Unterstützt wird die Atmung durch rhythmisches Anziehen und Anheben der Vorderbeine, bei schwacher Atmung auch durch Heben und Senken des Zungenbeines.

Sinnesorgane

Für alle tagaktiven Tiere spielt der Gesichtssinn eine übergeordnete Rolle. So auch bei den Landschildkröten, die sich mit Hilfe der Augen orientieren und im Gelände zurechtfinden. Als gutes Beispiel dienen die langen Wanderungen der Galápagos-Riesenschildkröten, aber auch bei den sehr standorttreuen Arten verlassen sich die Tiere beispielsweise beim Aufsuchen der Schlafplätze auf ihren Gesichtssinn.

Wie gut sie nun wirklich sehen können, ist bisher noch nicht untersucht worden. Aufgrund des nur schmalen binokularen Gesichtsfeldes dürfte das räumliche Sehen, das verantwortlich für das Abschätzen von Entfernungen ist, nur begrenzt möglich sein. Andererseits sind die Tiere in der Lage, Farben zu unterscheiden. Ihr Farbsehen ist sogar besonders gut ausgeprägt, da die Netzhaut nur aus farbtüchtigen Sehzellen besteht und ihr optisches Spektrum bis in den Infrarotbereich geht. Dies kann man deutlich beim Füttern beobachten. Die Tiere zeigen eine große Vorliebe für Erdbeeren, Kirschen und Tomaten. Zahme Tiere kommen dem Pfleger sogar entgegengelaufen, wenn er ihnen einen roten Ball hinhält.

Sehr gut ausgeprägt ist auch der Geruchssinn. So können die Landschildkröten verschiedene Gerüche einwandfrei unterscheiden. Diese Fähigkeit ist vor allem während der Trockenzeit wichtig, da dann die Schildkröten gezwungen sind, über große Entfernungen nach Nahrung zu suchen. Dank ihrer guten Nase können sie stark duftende Pflanzen, tierische Exkremente und Aas schnell ausfindig machen.

Das Geruchsorgan der Schildkröten unterscheidet sich grundlegend von dem anderer Reptilien. Die Geruchszellen sitzen auf einfachen Ausbuchtungen der äußeren Nasenwand. Diese Riechkammern unterteilen sich in einen oberen und einen unteren Raum, wobei dem unteren die gleiche Bedeutung zugemessen wird wie dem Jacobsonschen Organ. Die genaue Bedeutung und Leistungsfähigkeit des Geruchssinns ist aber bis heute noch nicht ausreichend geklärt.

Recht wenig bekannt ist die Stimmbegabung der Landschildkröten. Die zwar eher schwache Stimme kann man vor allem während der Kopulation verneh-

31

men. Der Ruf läßt sich je nach Art als leises blasendes Geräusch bis hin zu Stöhnen und Pfeifen umschreiben. Ein helles Trillern, welches man bei den Schildkröten niemals vermuten würde, kann man vor allem bei der Ägyptischen Landschildkröte (*Testudo kleinmanni*) hören. Die genaue Aufgabe der Stimme wurde bisher nicht geklärt. Das Zischen bei der Abwehr ist nicht auf die Stimmfähigkeit, sondern auf das plötzliche Ausstoßen der Luft beim Anziehen der Gliedmaßen zurückzuführen.

Das Trommelfell der Landschildkröten ist deutlich ausgebildet. Ein kleiner Knochen überträgt von dort die Schwingungen in das beachtlich spezialisierte Mittelohr. Trotzdem ist die akustische Empfindlichkeit der Tiere eher gering.

Ihr Hörvermögen reicht bis etwa 1000 Hertz. Besonders sensibel reagieren Landschildkröten dagegen auf Bodenerschütterungen, die sie ebenfalls über das Mittelohr wahrnehmen.

Ferner sei noch der Temperatursinn erwähnt. Überall in der Haut verteilt sind feine Rezeptoren, die die Umgebungstemperatur aufnehmen. Mit ihrer Hilfe finden die Schildkröten den idealen Sonnen- und Eiablageplatz.

Ein weiteres Sinnesorgan ist das Pinealorgan, das auch Zirbeldrüse genannt wird. Es sitzt im oberen Teil des Gehirns und reagiert auf das Licht, welches auf das Schädeldach strahlt. Mittels Melanin-Ausschüttungen ist dieses Organ für eine ganze Reihe von Funktionen verantwortlich.

Aktivität und Verhalten

Wie bei allen wechselwarmen Tieren ist auch bei den Landschildkröten die Körpertemperatur abhängig von der Umgebungstemperatur. Sie sind nicht in der Lage, wie Vögel oder Säugetiere die Körpertemperatur durch physiologische Prozesse zu beeinflussen. In der Regel erhalten die Tiere ihre notwendige "Betriebstemperatur" direkt von der Sonne. Besonders am frühen Morgen, im Frühjahr auch während des ganzen Tages, kann man die Schildkröten bei ausgiebigen Sonnenbädern beobachten. Dafür spreizen sie die Gliedmaßen möglichst weit von sich und richten den Panzer im idealen Winkel zur Sonneneinstrahlung aus. Nach dem morgendlichen Sonnenbaden beginnen die Landschildkröten sofort mit der Nahrungs-, während der Fortpflanzungszeit auch mit der Partnersuche. Steigen mittags die Temperaturen auf ein für die Schildkröten nicht mehr erträgliches Maß, so legen sie an einem geschützten Platz, zum Beispiel verborgen im Gestrüpp, eine Mittagsruhe ein. Meist am Spätnachmittag, wenn die Temperaturen bereits wieder sinken, weisen die Tiere eine zweite kurze Aktivitätsphase auf. Nicht alle Arten sind rein tagaktiv. So verlagern die *Gopherus*-Arten, je weiter südlich sie leben, ihre Hauptaktivitätszeit immer weiter in die Dämmerungsphase, ja sogar bis in die Nacht hinein.

Aber nicht die Temperaturen allein beeinflussen die Aktivität. Häufig ist es auch ein Zusammenspiel von Beleuchtungsintensität und Temperatur. So veranlaßt das Absinken der Tagestemperaturen und das Nachlassen der Lichtintensität die Tiere, sich rechtzeitig einen Schlafplatz zu suchen. Bei Arten aus den gemäßigten Breiten verursacht eine Kombination aus sinkenden Temperaturen und kürzeren Beleuchtungsphasen die physiologische Einstellung der Landschildkröten auf die bevorstehende Winterruhe. So reduzieren die Tiere langsam die Nahrungsaufnahme und beginnen mit der Suche nach einem geeigneten Überwinterungsversteck.

Im Gegensatz zu den Faktoren Licht und Temperatur wird die Sommerruhe in der Wüste und Steppe vielmehr durch den starken Mangel an Nahrung und Feuchtigkeit ausgelöst. Instinktiv verbergen sich die Tiere, meist vergraben im Boden, und kommen erst nach Niederschlägen oder bei deutlichem Absinken der Temperaturen wieder heraus.

Landschildkröten sind ausgesprochene Individualisten ohne stark entwickeltes Sozialverhalten. Die auffälligste Verhaltensweise, besonders während der Fortpflanzungsperiode, sind die Turnierkämpfe der Männchen. Begegnen sich zwei Schildkröten, begrüßen sie sich durch Nickbewegungen mit dem Kopf. Mit ihrem gut augeprägten Geruchssinn versuchen sie dann sofort, das Geschlecht ihres Gegenübers festzustellen. Treffen sich zwei Männchen, so kommt es fast immer zum Kampf. Als erstes bedrohen sie sich durch hohes Aufrichten und vorschnellende Bewegungen in Richtung des Gegners. Am besten untersucht ist der genaue Ablauf bei den *Gopherus*-Arten. Im Kampf rammen sie sich mit ihren Panzern und versuchen gleichzeitig, unter den Gegner zu gelangen. Mit Hilfe der sporenartigen Verlängerungen der Kehlschilder, die wie ein richtiger Hebel angesetzt werden, versuchen die Männchen, den jeweiligen anderen auf den Rücken zu hebeln. Hat dies einer der Kontrahenten erreicht, läßt er von dem Unterlegenen ab. Ähnliche Rammsporen finden sich auch bei *Geochelone yniphora*, jedoch ist deren Bedeutung bis heute nicht geklärt.

Auch die anderen Arten führen regelrechte Turnierkämpfe aus. Bei ihnen rammen sich die Männchen immer wieder kräftig mit ihren Panzern und versuchen, sich gegenseitig zu beißen. Der Kampf endet meist mit der Flucht des unterlegenen Tieres. Auf diese Weise kann sich in einer gemeinsam gepflegten Gruppe in einem Freilandterrarium eine regelrechte Rangordnung aufbauen.

Aktivität – Verhalten

In der Regel sind Landschildkröten ortstreue Tiere. Sie besitzen in der Natur feste Lebensräume und suchen häufig denselben Schlafplatz auf. Auch in großen Freilandanlagen leben sich die Tiere schnell ein und erweisen sich als sehr ortstreu. Zur Orientierung richten sich die Landschildkröten nach der Sonne. Abgesehen von den Galápagos-Riesenschildkröten, ist nichts über größere regelmäßige Wanderungen bekannt. Nur bei Nahrungsmangel und zur Partnersuche verlassen die Tiere ihre festen Reviere und legen auch größere Strecken zurück.

Entdeckt bei einer solchen Wanderung nun ein Männchen ein Weibchen, so wird es auf die übliche Weise begrüßt.

Während der Fortpflanzungsperiode laufen die Männchen auf jedes sich bewegende Objekt zu, das auch nur entfernt an eine Schildkröte erinnert. Mit Hilfe des Geruchssinns stellt das Männchen das Geschlecht fest. Während das Weibchen meist gar nicht reagiert und entweder passiv sitzen bleibt oder einfach ihres Weges geht, erwacht in dem Männchen ein „feuriger Liebhaber". Die „Liebestollheit" ist sprichwörtlich. Häufig erkennt man sein Tier gar nicht mehr wieder, da es plötzlich eine unbekannte Geschwindigkeit und Lebhaftigkeit entwickelt. Läuft das Weibchen langsam weiter, so bemüht sich das Männchen, es durch Umrunden und leichtes Rammen zum Stehenbleiben zu veranlassen. Durch dieses Verhalten, aber auch durch Bisse in die Gliedmaßen versucht das Männchen, das Weibchen zur Kopulationsbereitschaft zu bringen. Sind die Bemühungen von Erfolg gekrönt, steigt das Männchen von hinten auf den Panzer des Weibchens auf. Hierfür sind durch den steifen Panzer einige lustig anmutende Verrenkungen erforderlich. Erleichtert wird das Ganze ein wenig dadurch, daß die Männchen einen leicht konkav eingedrückten Panzer besitzen. Während der Kopulation geben die Männchen piepsige oder fauchende Laute von sich, deren Bedeutung bislang nicht genau geklärt ist. MERTENS vermutet, daß auf diese Weise die Weibchen dazu veranlaßt werden sollen, den Kopf einzuziehen und somit die Kloake etwas auszustülpen.

Als letztes wollen wir die Lernfähigkeit der Schildkröten ansprechen. Tatsächlich sind Schildkröten in der Lage, gewisse Lernprozesse durchzuführen.

Nur von den Galápagos-Riesenschildkröten sind größere Wanderungen bekannt.
Foto: H. Maass

Schon nach einer kurzen Eingewöhnungsphase können die Tiere ihren Pfleger erkennen und laufen ihm in Erwartung eines Leckerbissens entgegen.

Alter

Das Lebensalter zahlreicher Landschildkröten ist schon geradezu sprichwörtlich, überdauert es doch meist das eines Menschen. Aufgrund ihres hohen Alters gelten die Schildkröten schon von jeher als weise. Doch wie alt werden die Landschildkröten wirklich? Man schätzt – genaue Daten liegen wegen der enormen Zeitspanne nicht vor – daß die kleinen Arten etwa ein Alter von 40 bis 60 Jahren erreichen. Aber schon die mittelgroße Europäische Landschildkröte erreicht ein maximales Lebensalter von 120 Jahren. Dieses wird von den großen Arten noch weit übertroffen. Die Galápagos-Riesenschildkröten werden leicht 150 Jahre alt, einige erreichen vielleicht 200 Jahre. Das älteste bekannte Tier lebt seit 152 Jahren in Gefangenschaft. Das höchste dokumentierte Lebensalter erreichte eine Madagassische Strahlenschildkröte (*Geochelone radiata*), die von Madagaskar nach Australien gelangte und dort 189 Jahre lebte. In beiden Fällen ist nicht bekannt, wie groß und wie alt die Tiere waren, als sie in die menschliche Obhut gelangten.

Daß Schildkröten kein Kinderspielzeug sind, braucht nicht mehr erwähnt zu werden. Daß die Schildkrötenpflege eine lebenslange Aufgabe darstellt, dessen sind sich gerade die zahlreichen Anfänger nicht bewußt. Es ist nur dann verantwortlich, Schildkröten anzuschaffen, wenn man auch in der Lage ist, die Tiere artgerecht unterzubringen und zu pflegen, und zwar nicht nur über einen kurzen Zeitraum, sondern für eine lange Zeit. So sollte man sich vorher Gedanken über die Ernährung, die Überwinterung, aber auch über die Versorgung während der Urlaubszeit oder im Krankheitsfall machen. Zwar gelten Landschildkröten im allgemeinen als recht robust, doch sterben sie bei unsachgemäßer Pflege langsam in ihrer „harten Schale".

Hat man sich entschieden, Landschildkröten zu pflegen, empfielt es sich, nur Nachzuchten, ausgestattet mit allen erforderlichen Papieren, von einem erfahrenen Züchter zu erwerben. Dieser kann dem noch unerfahrenen Pfleger wichtige Hinweise geben und hat häufig auch ein offenes Ohr für Fragen und Probleme bei der Schildkrötenhaltung. Adressen erhält man beispielsweise aus dem regelmäßig erscheinenden Rundbrief der DGHT (Deutsche Gesellschaft für Herpetologie und Terrarienkunde, Anschrift: DGHT-Geschäftsstelle, Postfach 1421 in 53351 Rheinbach) und bei der AG Schildkröten und Panzerechsen der DGHT (Kontaktadresse: Rainer Engert, Waldgartenstr. 1 in 68642 Bürstadt). Weitere wichtige Vereinigungen von Schildkrötenfreunden finden sie im Anhang.

II. Fortpflanzung und Zucht

In den letzten Jahrzehnten haben sich die Bestände vieler Landschildkrötenarten drastisch verringert. Die Ursachen dafür sind vielfältig. So wurden die europäischen Arten bis 1980 sehr stark durch das Absammeln für den Zoofachhandel dezimiert. Noch viel verheerender in den Auswirkungen ist jedoch die heute immer noch fortschreitende Zerstörung der Umwelt. Dazu gehört die Umwandlung von Natur- in Kulturlandschaft und in ganz besonderem Maße die verkehrstechnische Erschließung. Auch der Einsatz von Traktoren zur Feldarbeit trägt zum weiteren Niedergang der Populationen bei. Besonders erschreckend sind die zahlreichen aus grundstücksspekulativen Gründen gelegten Busch- und Waldbrände im Mittelmeergebiet. Es wird immer wieder versucht, Bauland durch Beseitigung der Natur zu erzielen. Auch die tropischen Arten sind heute beinahe alle bedroht. Neben der Biotopzerstörung spielt hier aber vor allem ihr Wert als Eiweißlieferant eine wichtige Rolle, und die Bevölkerung ist in vielen Ländern auf diese preiswerte Nahrungsquelle angewiesen. Angesichts dieser Fakten dürfte wohl jedem klar sein, wie wichtig der Schutz aller Landschildkröten und ihrer Lebensräume geworden ist.

Somit ergibt sich für den Halter nicht nur die Aufgabe, seine Tiere artgerecht zu pflegen, sondern auch immer die erfolgreiche Nachzucht anzustreben. Es ist schon jetzt absehbar, daß in naher Zukunft zahlreiche Landschildkrötenarten nur noch in unseren Terrarien und Freilandanlagen vorhanden sein werden. Vielleicht kommen zahlreichen Arten das sehr hohe Lebensalter und die Fähigkeit, sich bis ins hohe Alter fortzupflanzen, einmal zum Überleben im Terrarium zu Hilfe. Bereits heute werden die meisten Landschildkröten regelmäßig nachgezogen, und das gilt nicht nur für die europäischen Arten. Um bei den Nachzuchttieren Degenerationserscheinungen zu vermeiden, ist es äußerst wichtig, die Zuchttiere sorgfältig auszuwählen. Alle Tiere mit Mißbildungen sowie „Kümmerlinge" sollten nicht weiter zur Zucht verwendet werden.

Ein zusätzliches Problem der Nachzucht ist das Zusammensetzen von Tieren unbekannter Herkunft, da es teilweise gar nicht zur Kopulation kommt oder am Ende eine ungewollte Verbastardisierung stehen kann.

Genauso wichtig wie eine sorgfältige Zuchtauswahl ist das Zusammenfügen geeigneter Zuchtgruppen. Der Nachteil größerer Zuchtgruppen liegt darin, daß oft nur wenige Männchen Zugang zu den Weibchen finden. Ideal ist deswegen die paarweise Pflege, da dabei die höchste Variabilität erreicht wird. Die genetische Verarmung ist ein häufiger Ansatz für Kritik an der Erhaltungsnachzucht. Sie wird hinfällig, sobald sich Arbeitsgemeinschaften bilden, die auf einen großen Tierbestand zurück-

Fortpflanzung – Zucht

Nur durch die Zusammenstellung geeigneter Zuchtgruppen werden Paarungen – hier Spornschildkröten – ermöglicht.

Foto: U. Koschnitzke

greifen können, so daß die Zuchttiere untereinander ausgetauscht werden können. Daraus folgt, daß es besser ist, mehrere Tiere einer Art als zahlreiche Arten zu pflegen. Eine Spezialisierung und die damit verbundene Aufklärung über die Ansprüche und die Lebensweise der Landschildkröten sind dringend notwendig.

Geschlechtsbestimmung

Die wichtigste Voraussetzung für eine erfolgreiche Zucht ist, das Geschlecht der gepflegten Tiere bestimmen zu können. Für Männchen und Weibchen gibt es verschiedene Erkennungsmerkmale. Da die primären Geschlechtsmerkmale (Keimdrüsen) im Panzer verborgen liegen, muß man sich mit den sekundären behelfen.

Die augenscheinlichsten Unterschiede, etwa in der Größe und im Gewicht, helfen kaum weiter, solange keine Vergleichswerte vorliegen. Zwar gelten die Weibchen allgemein als größer und schwerer, doch nur von wenigen Arten, wie zum Beispiel von der Maurischen Landschildkröte (*Testudo graeca*) und der Vierzehen-Landschildkröte (*Testudo horsfieldii*), weiß man, daß die alten Weibchen im Vergleich zu den Männchen einen wesentlich größeren Panzer besitzen. Auch ist der Panzer der Männchen oft flacher und kantiger und weist bei gleicher Länge ein geringeres Volumen auf. Die Kiele und Dornen sind bei den Männchen ebenfalls deutlicher ausgeprägt. Andere Arten, wie zum Beispiel *Malacochersus tornieri*, *Pyxis arachnoides* und *Manouria impressa*, weisen nicht den geringsten Unterschied auf. Nur von *Manouria impressa* sind geringe Farbunterschiede der Geschlechter bekannt.

Schon eher hilft die weit verbreitete Regel zur einfachen Geschlechtsbestimmung anhand der Form des Bauchpanzers weiter. So ist das Plastron bei den Weibchen meist völlig eben, während es bei den Männchen meist eine deutlich konkave Einwölbung aufweist. Einen ebenso wichtigen morphologischen Geschlechtsunterschied stellt die Schwanzlänge dar. Der Schwanz der Männchen ist in der Regel deutlich länger und an der Basis verdickt, während er bei den Weibchen kürzer und von der Basis eher gleichmäßig abnehmend verläuft. Zusätzliche Sicherheit erhält man beim Vergleich des Abstandes vom Hinterrand des Panzers bis zur Kloakenöffnung, der bei den Männchen deutlich größer ist.

Bei einigen Arten aus den Gattungen *Testudo* und *Pyxis* besitzen die Männchen und auch die Weibchen sogenannte Schwanznägel, die eine sichelartige

Geschlecht

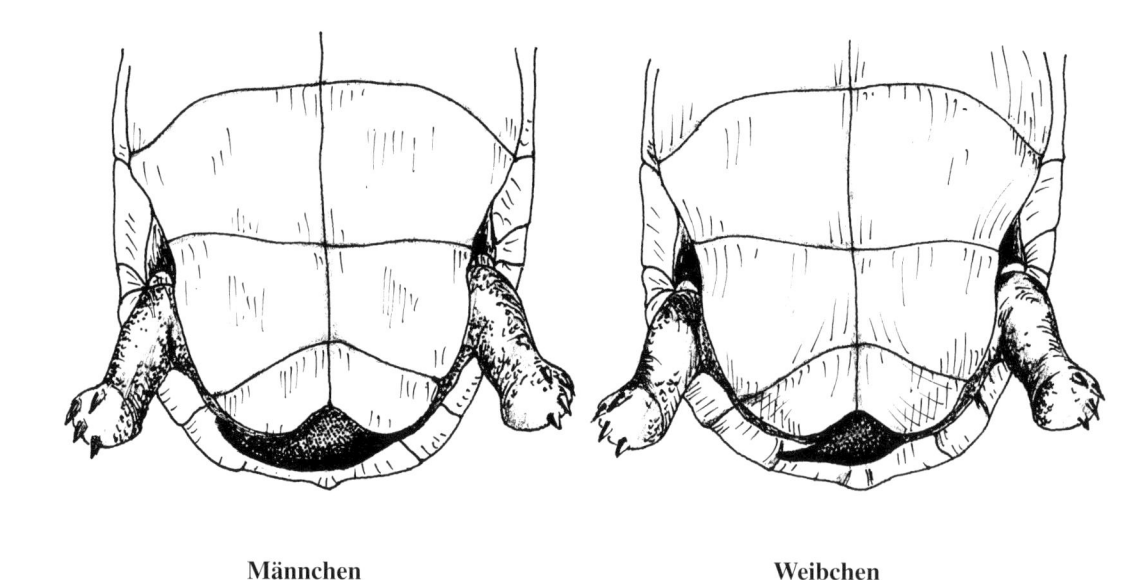

Männchen   **Weibchen**

Form aufweisen. Die Aufgabe dieses Schwanzfortsatzes ist es, dem Schildkrötenpenis, der im Unterschied zu den übrigen Reptilien (mit Ausnahme der Krokodile) ein unpaares Organ ist, bei der Kopulation als Gliedführung zu dienen.

Abschließend sei noch eine morphologische Besonderheit der Männchen zahlreicher Arten erwähnt. So besitzen die *Gopherus*-Arten, *Geochelone sulcata*, *Geochelone yniphora*, *Chersina angulata*, die *Kinixys*-Arten, *Malacochersus tornieri* und *Manouria emys* verlängerte Kehlschilder, auch Kehlsporen genannt, die sie sowohl zur Balz als auch zum Kommentkampf einsetzen.

Trotz aller Unterschiedskriterien gestaltet sich die Geschlechtsbestimmung bei Jungtieren und selbst bei ausgewachsenen Tieren einiger Arten, wie *Geochelone chilensis* und *Geochelone sulcata*, häufig äußerst schwierig. Mit absoluter Sicherheit läßt sich das Geschlecht nur anhand der Geschlechtsorgane bestimmen. Ein Ausstülpen des Penis durch vorsichtigen Druck auf die Analregion sollte man jedoch nur von einem sehr erfahrenen Tierpfleger ausführen lassen.

Voraussetzungen für die Zucht

Pflegt man nun ein Pärchen oder eine kleine Gruppe einer Landschildkrötenart, so wird es nicht unweigerlich zur Nachzucht kommen. Vielmehr müssen eine ganze Reihe von Voraussetzungen bedacht und erfüllt sein.

Heutzutage beginnt die Landschildkrötenpflege glücklicherweise mit der Anschaffung von Nachzuchten. Da, wie schon erwähnt, die Geschlechtsbestimmung nicht immer einfach ist, und um später bei der Zusammenstellung der eigenen Zuchtgruppe eine gewisse Auswahl zu haben, sollte man sich immer mehrere Tiere zulegen. Es ist später leichter, überzählige Landschildkröten in gute Hände zu geben, als die benötigten adulten Tiere zu finden.

Dann wird der Pfleger jedoch auf eine harte Geduldsprobe gestellt, denn die Landschildkröten erreichen oftmals erst sehr spät die Geschlechtsreife. In der Natur werden die kleinen Arten spätestens mit 10 Jahren und die mittelgroßen bis großen Landschildkröten etwa in einem Alter von 15–20 Jahren geschlechtsreif. Von einigen Arten wird sogar vermutet, daß es bis zu 50 Jahre dauern kann. Glücklicherweise läuft dieser Reifeprozeß im Terrarium wesentlich schneller ab. Wie schnell, ist jedoch abhängig von den Haltungsbedingungen. So unterbrechen Ruheperioden die Entwicklung und verzögern den Reifeprozeß. Da im Terrarium immer eine ausreichende Menge an hochwertigem Futter vorhanden sein sollte und auch die Klimabedingungen in der Regel im Optimalbereich liegen, entwickeln sich die Tiere schneller. So kann *Testudo graeca* bereits im Alter von fünf bis sieben Jahren, bei einer Größe von ca. 17 cm, die Geschlechtsreife erreichen. *Testudo hermanni* benötigt sieben bis neun Jahre und *Testudo marginata* acht bis zwölf Jahre. Selbst *Geochelone sulcata*, die in der Natur etwa 15 Jahre benötigt, wird im Terrarium bereits nach 10 Jahren geschlechtsreif. Mit Erreichen der Geschlechtsreife – wann dies genau erfolgt, merkt man meist erst, sobald die Weibchen ein Gelege absetzen – stellt man fest, daß die Schildkröten keine feste Partnerbindung eingehen. Vielmehr paaren sich die Männchen mit allen ihnen zufällig über den Weg laufenden Weibchen. Hin und wieder kann man aber in Terrarien oder in einer Freilandanlage beobachten, daß bestimmte Männchen immer bestimmte Weibchen bevorzugen (Partnerselektion).

Das Reifen der Eier und Spermien sowie das Paarungsverhalten werden durch bestimmte Faktoren ausgelöst: Als erstes sind die klimatischen Bedingungen zu nennen. Bei den Schildkröten werden die Fortpflanzungsprozesse, die in biologischen Zyklen ablaufen, wie von einer inneren Uhr gesteuert, und so muß der Pfleger folglich nur für die dazugehörigen Umstände sorgen. Dies bedeutet, daß die Temperaturen immer entsprechend der Tageszeit schwanken und zum anderen auch den Jahresverlauf in der Heimat widerspiegeln sollten. Dabei ist es sehr wichtig, daß die Lichtintensität und die Tageslänge in einem passenden Verhältnis dazu stehen. So ist bei den europäischen Arten vor allem das Einhalten der Winterruhe wichtigste Voraussetzung für eine erfolgreiche Nachzucht. Dies bereitet kaum Probleme, da die Tiere oft ganzjährig im Garten gepflegt werden.

Schwieriger ist es, die optimalen Bedingungen für die tropischen Arten nachzugestalten, da zu den Temperaturen noch im ganz besonderen Maße der Faktor Feuchtigkeit kommt. So wird bei einigen in trockenen Regionen lebenden Arten die Fortpflanzung durch den Beginn der Regenzeit ausgelöst.

Die südafrikanischen Arten weisen meist eine Hauptaktivitätszeit zum Ende des Südwinters mit Beginn der Regenzeit auf, und nur in dieser kurzen Zeit verpaaren sich die Tiere. Ähnlich verhält es sich bei den madagassischen Arten. Sie beenden ihre Ruheperiode, wenn die Temperaturen wieder stark angestiegen sind und der erste Regen gefallen ist. Leichter hat man es bei den Bewohnern der Feuchtgebiete. Sie besitzen meist keine festgelegte Fortpflanzungszeit.

Ein Pärchen der Griechischen Landschildkröte. Foto: W. Schmidt

Paarung, Trächtigkeit und Eiablage

Paarung: Bei den Landschildkröten gibt es keine echte Partnerbindung, in der Natur paaren sich die Tiere nach dem Zufallsprinzip. Sobald ein Schildkrötenmännchen ein Weibchen entdeckt oder deren Duftspur wahrgenommen hat, wird es versuchen, dieses zu verfolgen und sich mit ihm zu paaren. Die gute Nase sorgt in der Natur dafür,

Geochelone sulcata **bei der Paarung.**
Foto: U. Koschnitzke

daß keine „Irrtümer" vorkommen. In den Terrarien dagegen, in denen mehrere Arten gemeinsam gepflegt werden, scheint eine Art „Reizüberflutung" zu bestehen, so daß Fehler möglich sind. Landschildkröten sollten daher nur artweise gemeinsam gepflegt werden. Bei den aggressiven Arten muß man die Tiere einzeln pflegen und sollte das Weibchen nur zur Paarung in das Terrarium des Männchens setzen. Einige Autoren beobachteten, daß sich der Neuling eher passiv verhält und es somit das Männchen etwas leichter hat.

Die Balz verläuft meist in der schon beschriebenen Art und Weise ab. Hat das Männchen mit seiner Werbung Erfolg gehabt, so versucht es durch Aufreiten auf den Panzer des Weibchens, dieses zu begatten. Ist es am Panzer hochgestiegen, so tastet es sich langsam nach hinten und sucht den direkten Kloakenkontakt. Aber erst, wenn der Kloakenkontakt hergestellt ist und das Männchen eine stabile Stellung eingenommen hat, wird der Penis eingeführt, und es kommt zur Kopulation. Dabei geben die Männchen je nach Art laut pfeifende bis leise stöhnende Laute von sich. Die ganze Zeit haben sie das Maul weit geöffnet und pressen bei jedem Stoß Luft aus ihrer Lunge.

Trächtigkeit: Alle Schildkrötenarten sind eierlegend. Die Eier reifen in den traubenförmigen Eierstöcken heran und gelangen erst nach der Ovulation in die Eileiter.

Bei den Arten aus den winterkalten Gebieten bilden sich die Spermien bei den Männchen im Spätsommer, wenn das Nahrungsangebot vielseitig und gut ist. Die Samenzellen werden bis zur Paarungszeit im folgenden Jahr in den Nebenhoden gespeichert. Zeitgleich mit dem Aufbau der Spermien bei den Männchen bilden auch die Weibchen ihre Eier für das nächste Jahr. Bevor sie in den Winterschlaf gehen, können die Follikel bereits 70–90% ihrer späteren Größe erreicht haben. Die Abhängigkeit der Eibildung von den äußeren Bedingungen kann man auch leicht an den eigenen Tieren beobachten. So legen die Weibchen nach einem Schlechtwetterjahr häufig weniger Eier, und auch die Schlupfrate ist geringer.

Die paarungsbereiten Weibchen lassen sich von verschiedenen Artgenossen begatten. Auf diese Weise wird sichergestellt, daß eine hohe Rate von Eiern befruchtet ist. Bei jungen Weibchen sowie bei älteren, die lange Zeit ohne Männchen gepflegt wurden, kann es passieren, daß das erste Gelege unbefruchtet ist. Dieses bessert sich in aller Regel bei der nächsten Eiablage.

Aufgrund ihrer Lebensweise ist es den Schildkröten nicht immer rechtzeitig möglich, einen passenden Partner zu finden. Weil sie es sich nicht erlauben können, daß Eier produziert aber später nicht befruchtet werden, besitzen die Weibchen zahlreicher Schildkrötenarten die Fähigkeit zur Spermaspeicherung. Diese sorgt dafür, daß die Weibchen mehrere Gelege absetzen können, ohne daß dazwischen eine erneute Paarung erfolgen muß. Die Gelegegröße wie auch die Anzahl der befruchteten Eier nimmt dabei jedoch ständig ab.

Mit fortschreitender Trächtigkeit werden die Weibchen immer paarungsunwilliger und wehren die Männchen ab. In zu kleinen Terrarien mit nicht ausreichenden Versteckmöglichkeiten kann die permanente Belästigung durch Männchen in so starken Streß ausarten, daß die Weibchen später in Legenot geraten. In solchen Fällen ist es daher besser, die Tiere zu trennen.

Die Ovarien sind sehr dehnbar, und die Eier können den Hauptteil der Leibeshöhle ausfüllen. Da die Eier aus Platzgründen nicht immer auf einmal reifen, kann es vorkommen, daß einige Arten bis zu drei Gelege nacheinander in einem Jahr produzieren.

Eiablage: Kurz vor der eigentlichen Eiablage zeigen die Weibchen eine gewisse Unruhe und begeben sich auf die Suche nach einem geeigneten Eiablageplatz. Dieser wird sehr sorgfältig ausgesucht, so daß es passieren kann, daß zunächst zahlreiche Probegruben angelegt werden. Die für die Eiablage erforderliche Grube hebt das Weibchen mit seinen Hinterbeinen aus. Dabei werden sandige Böden oder gar reiner Sand eindeutig bevorzugt. In der Natur legen die Weibchen ihre Eier am liebsten in Sandböden, wie Sandbänke, Dünen im Strandbereich oder ähnliche Plätze ab. Einige waldbewohnende Arten hingegen verbergen ihr Gelege in der Humusschicht, unter Laub oder in verrottenden Pflanzenresten. Die Struktur und der Feuchtigkeitsgehalt des Bodens, der als Eiablagesubstrat gewählt wird, sind stark artabhängig.

Während Eier von Arten aus einem trockenen Lebensraum weniger Feuchtigkeit brauchen, eine hohe Substratfeuchte sogar schädlich ist, benötigen Eier von Arten aus Feuchtgebieten eine hohe Substratfeuchte.

Um bei den im Garten gepflegten europäischen Landschildkrötenarten ein langes und umständliches Suchen der Eier zu vermeiden, bietet man ihnen an der sonnigsten Stelle ihres Freilandterrariums einen nur spärlich bewachsenen Hügel aus einem lockeren Sand-Erde-Gemisch an. Um diesen Eiablageplatz für die Weibchen geradezu unwiderstehlich zu machen, legt man oberhalb des Hügels ein nur zu einer Seite offenes Frühbeet an. Die Landschildkrötenweibchen werden diese Plätze in der Regel auswählen, wodurch das mühsame Suchen der Eier in der gesamten Anlage entfällt.

Im Zimmerterrarium bietet man seinen Tieren Eiablagestellen in Form einer lockeren Erd-Sand-Aufschüttung an. Selbstverständlich müssen diese Anhäufungen entsprechend der Größe der Tiere dimensioniert sein, und auch die erforderlichen Temperatur- und Feuchtigkeitswerte müssen berücksichtigt werden. Nach einer artabhängigen, teilweise mehrere Stunden dauernden, kräftezehrenden Grabzeit legen die Weibchen die Eier in eine 10–15 cm tiefe Grube.

Viele Arten besitzen ein Wasserreservoir in den Analblasen. Dieses ist in paarigen Hautsäcken angelegt, die in der Kloake enden. Daraus kann von den Weibchen während des Aushebens der Ablagegrube portionsweise Wasser aus-

Geochelone pardalis babcockii **bei der Eiablage.** Foto: A. Bannister, ABPL

geschieden werden, um den Boden aufzuweichen und somit grabfähiger zu machen.
Die Anzahl der Eier schwankt von Gelege zu Gelege, aber auch von Jahr zu Jahr und von Art zu Art. Immer nur ein Ei legt *Psammobates geometricus*. Immerhin schon zwei bis vier Eier legen die übrigen *Psammobates*-, sowie die *Indotestudo*-, die *Homopus*-Arten und *Testudo kleinmanni*. Mit bis zu 10 Eiern schon recht umfangreiche Gelege setzen die *Gopherus*-Arten ab. Etwa 10–30 Eier umfassen die Gelege der meisten mittelgroßen bis großen Landschildkrötenarten, insbesondere aus den Gattungen *Geochelone* und *Testudo*.
Ebenso unterschiedlich kann die Anzahl der Gelege sein. So kann zum Beispiel *Geochelone pardalis* bis zu sieben Gelege im Jahr absetzen (vgl. hierzu OBST 1985).
Nach der erfolgten Eiablage wird die Grube sorgfältig mit einer Schicht lockeren Substrats aufgefüllt. Darüber wird dann das Erdreich mit Hilfe des Panzers regelrecht festgerammt. Einige Arten tarnen den Eiablageplatz so gut, daß man ihn nur mit größten Schwierigkeiten findet. Häufig suchen die Weibchen einen einmal gewählten Platz immer wieder auf, was die Suche nach dem Gelege wesentlich vereinfacht.
Kurz nach der erfolgten Eiablage erlischt das Interesse der Schildkröten für ihre Gelege. Sie erweisen sich hinsichtlich ihrer mangelnden Brutpflege als recht ursprüngliche Reptilien. Lediglich MC KOEWN (1992) beschreibt ein kurzfristiges Bewachen eines frischen Geleges von *Kinixys erosa* im Zoo von Honululu.

Eientwicklung

Sobald die Eiablage erfolgt ist, beginnt die eigentliche Embryonalentwicklung des Keimlings. In frisch abgelegten Eiern sind Eidotter und Eiklar miteinander vermischt, da eine trennende Membran, wie sie sich zum Beispiel in Vogeleiern befindet, fehlt. Doch schon nach wenigen Stunden sammelt sich der gesamte Dotter am Boden, da er ein höheres spezifisches Gewicht als das Eiklar besitzt. Auf dem Dotter setzt sich anschließend die Keimscheibe ab. Vom Keim aus bilden sich nun zwei embryonale Hüllen, das Amnion und das Chorion. Zwischen diese schiebt sich die Allantois, eine Blase, die der Aufnahme von Stoffwechselprodukten dient. Die gesamte Entwicklung kann man beim Durchleuchten des Eis gut beobachten, jedoch darf das Ei keinesfalls dabei gedreht werden. Man hält es einfach vorsichtig gegen eine nur mäßig warme Lichtquelle, wie zum Beispiel eine 25-W-Glühlampe oder eine Leuchtstoffröhre.
Die Inkubationszeit, in der sich aus dem Keim eine schlupffertige Landschildkröte bildet, ist von der Art, aber auch von anderen Faktoren abhängig. Maßgeblich sind in der Natur die mi-

kroklimatischen Bedingungen des Ablageplatzes. An erster Stelle ist hier natürlich die Temperatur zu nennen, doch ebenso wichtig ist die relative Feuchtigkeit des Substrates, die gerade bei verschiedenen tropischen Arten genau beachtet werden muß.

Die Eier einiger Arten sind in der Lage, eine Ruhepause einzulegen, wenn die mikroklimatisch erforderlichen Bedingungen für eine Entwicklung nicht gegeben sind. In aller Regel reagieren die Gelege der meisten Schildkröten aber nicht so drastisch und vertragen teilweise sogar recht unterschiedliche Temperatur- und Feuchtigkeitswerte. So schlüpft *Testudo hermanni* bei einer Inkubationstemperatur von 24–32°C. Die Eier entwickeln sich meist nicht gleichmäßig, und so schlüpfen die Jungtiere nicht alle an einem Tag. Den Zeitigungsdauerrekord hält bei den Landschildkröten *Geochelone pardalis* mit einer Inkubationszeit von 540 Tagen, aber auch bei dieser Art schlüpfen die Jungtiere normalerweise spätestens nach 250 Tagen. Die Zeitigungsdauer der Eier europäischer Arten beträgt im Durchschnitt nur etwa 90 Tage.

Sobald sich die Keimscheibe auf dem Dotter festgesetzt und die Entwicklung begonnen hat, dürfen die Eier nicht mehr gedreht werden (gemeint ist ein Vertauschen der Ober- und Unterseite), da dieses zum Absterben des Embryos führen würde. Daher kennzeichnet man die Oberseite aller Schildkröteneier bei der Entnahme aus der Ablagestelle vorsichtig mit einem Bleistift und vermerkt gegebenenfalls noch das Ablagedatum und andere wichtige Angaben. Dies ist auf der kalkhaltigen Schale leicht möglich.

Die größten Eier legt übrigens *Geochelone nigra* mit einem Durchmesser von 70 mm. Die in Bezug auf die Körpergröße größten Eier legt dagegen *Homopus boulengeri*. Die Art erreicht nur eine Panzerlänge von 110 mm und legt immer ein ca. 39 mm großes Ei.

Als letztes seien die hin und wieder vorkommenden Zwillinge erwähnt. Die Jungtiere liegen entgegengesetzt im Ei und wachsen dort nur bis zur halben Normalgröße heran. Sind die Zwillinge erst einmal geschlüpft, wachsen sie wie alle anderen Schildkröten auf und erreichen auch schnell deren Größe.

Inkubation und Schlupf

Nach der Eiablage sollten die Eier immer aus dem Terrarium beziehungsweise aus der Freilandanlage entnommen werden. Eine natürliche Zeitigung im Garten dürfte wohl immer an unseren verglichen mit den Herkunftsländern niedrigen Temperaturen scheitern. Aber auch im Zimmerterrarium beläßt man die Eier nicht am Ablageplatz, da die Gefahr besteht, daß die Eier durch grabende Tiere beschädigt werden.

Wie schon erwähnt, muß man bei der Entnahme der Eier äußerste Sorgfalt walten lassen, da sich bereits nach

Stunden die Keimscheibe festgesetzt haben kann und das Ei nun nicht mehr gedreht werden darf. Daher kennzeichnet man die Oberseite am besten bereits während des Freilegens.

Die Inkubation kann in den verschiedensten Brutkästen erfolgen. Am bekanntesten und für die europäischen Arten auch am besten geeignet ist folgender Bautyp: In einem großen, hochwandigen Behälter wird der Boden ca. 10 cm hoch mit Wasser bedeckt. Besonders geeignet sind Vollglas- und Plastikaquarien. Einige Zentimeter über der Wasseroberfläche bringt man eine Schaumstoffplatte an, die Ausbuchtungen für die Eier enthält. Wichtig ist, daß die frisch geschlüpften Landschildkröten nicht ins Wasser fallen können. Beheizt wird der Kasten mit einem Aquariumheizstab, der über ein Kontaktthermometer gesteuert wird. Auf diese Weise erhält man die gewünschte Temperatur und eine sehr hohe relative Luftfeuchtigkeit. Damit nun das Kondenswasser vom Deckel nicht auf die Eier tropfen kann, muß die Deckscheibe schräg angebracht werden, so daß das Wasser abläuft und an den Wänden des Brutbehälters zurück in den Wasserteil fließt.

Die Eier tropischer Arten aus Trockengebieten, die eine nicht so große Feuchtigkeit vertragen, müssen, aber auch alle anderen können – in Zeitigungsmaterial gebettet – in allen üblichen Brutbehältern gezeitigt werden. Die Substratfeuchte muß bei dieser Zeitigungsmethode aber genau bemessen sein. Geeignete Substrate sind in erster Linie Perli-

Möglichst direkt nach der Eiablage sollten die Gelege markiert und in ihrer Position unverändert in einen Inkubator gegeben werden. Foto: H.A. Zwartepoorte

Besonders bewährt hat sich für die Zeitigung der Schildkröteneier die Kunstglucke der Firma Jäger. Zu beziehen ist das Gerät beim Hersteller Jäger und Pfrommer, Postfach 1227 in 63602 Wächtersbach.

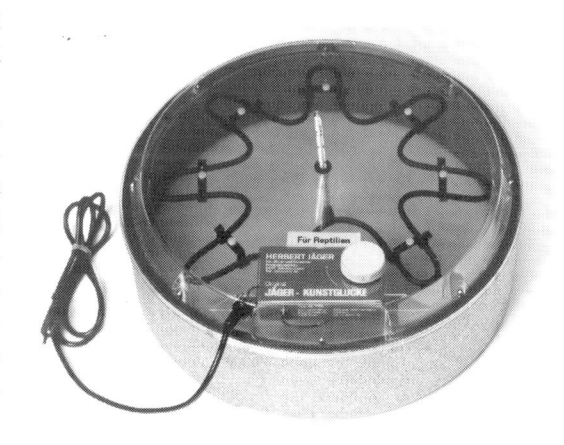

te, aber auch grobes Vermiculite, Sand usw. Die Zeitigungstemperaturen sind wie immer artabhängig und sollten in der Regel zwischen 24 und 32 °C liegen. In diesem Zusammenhang muß das Problem der temperaturabhängigen Geschlechterausprägung (kurz TAGA) erwähnt werden. Wie die meisten Reptilien, so besitzen auch bei den Schildkröten nur wenige Arten Geschlechtschromosomen. Bei den Landschildkröten ist das Vorhandensein noch von keiner Art bekannt. Folglich muß das Geschlecht von anderen Faktoren abhängig sein. Dies ist, soweit wir heute wissen, die Zeitigungstemperatur etwa am Ende des ersten Drittels der Eientwicklung. Je nach Temperatur wird ein bestimmtes Hormon gebildet, das die Geschlechtsausprägung dann veranlaßt. Dies ist eine „Alles-oder-Nichts-Entscheidung", mit anderen Worten: Bis zu einer bestimmten Temperatur bilden sich Männchen, und darüber bilden sich Weibchen. Man kann sich diese Entscheidung wie einen biologischen Schalter vorstellen. Wo genau dieser Scheitelpunkt liegt, und ob sich in bestimmten Bereichen die Geschlechter wieder ändern können, wie dies zum Beispiel bei den Leopardgeckos (*Eublepharis macularis*) der Fall ist, ist nicht bekannt. Bei den europäischen Landschildkrötenarten liegt der kritische Temperaturbereich etwa bei 27,5 °C.

Dieses Phänomen führt interessanterweise nur bei den unnatürlichen Zeitigungstemperaturen in der Terraristik zu einem Problem, da die Temperaturverhältnisse in der Natur scheinbar immer für ein ausgewogenes bzw. notwendiges Geschlechterverhältnis sorgen.

Jeder, der Landschildkröten nachzüchtet, muß in Zukunft verstärkt darauf achten, daß er ein ausgewogenes Geschlechterverhältnis bei seinen Nachzuchten erhält, um nicht am Ende nur Männchen oder nur Weibchen zu besitzen. Dies erreicht man, wenn man die Temperaturen leicht um den Scheitelpunkt, falls er bekannt ist, schwanken läßt. Auf diese Weise erhält man beide Geschlechter. Wo genau die Grenze liegt, muß jeder für seine Arten experimentell ermitteln. Die Ergebnisse sollten veröffentlicht werden, da sie nicht nur für die Terraristik, sondern besonders auch für den Naturschutz von größtem Interesse sind. So versucht man bereits heute, durch hohe Temperaturen beim Bebrüten von Meeresschildkröteneiern den Anteil der Weibchen zu steigern, um in Zukunft die Vermehrungsrate zu vergrößern.

Sobald das Jungtier die Schlupfreife erreicht hat, versucht es, das Ei zu öffnen. Die Landschildkröten haben an der Schnauzenspitze am Prämaxillarknochen des Oberkiefers ein hartes, aus Horn gebildetes Wärzchen. Diese Eischwiele sitzt genau dort, wo andere Reptilien ihren scharfen Eizahn haben. Zum Schlüpfen können die jungen Schildkröten diese nur begrenzt einsetzen, da sie im Ei recht unbeweglich sind.

Unmittelbar vor dem eigentlichen Beginn des Schlupfvorgangs erkennt man häufig feine Risse in der Schale, aus

Schlupf einer *Geochelone carbonaria*.
Foto: M. Vrieus

denen Feuchtigkeit austreten kann. Die kleinen Schildkröten durchstoßen dann die Eischale bei kräftigen Streckbewegungen entweder mit der Eischwiele oder mit den Vorderextremitäten. Dieser Vorgang, der sich über mehrere Tage erstrecken kann, ist äußerst anstrengend, und so legen die kleinen Landschildkröten häufig Pausen ein. Während dieser Pausen schlafen die Schildkrötenbabys in ihrem teilweise geöffneten Ei, und oft schaut nur der Kopf oder ein Fuß heraus. Durch besonders kräftige Streck- und Schiebebewegungen, aber auch durch Beißen in die Schale schaffen es die Tiere dann endlich, sie zu verlassen.

Nach dem Schlupf bleibt die junge, durch die Enge im Ei noch leicht gefaltete Schildkröte erst einmal liegen, damit sich der noch relativ weiche Panzer langsam auf seine vollständige Größe strecken kann. Dabei kann er sich durch die Reduzierung der Panzerkrümmung um 10–28% vergrößern. Mit dieser nicht mehr rückgängig zu machenden Streckung der Wirbelsäule ist sogleich die Formgebung des Panzers abgeschlossen.

Alle Landschildkrötenbabys haben direkt nach dem Schlupf eine hochrückige Körperform. Selbst die Spaltenschildkröte *Malacochersus tornieri* weist erst weit nach dem Schlupf den für sie typischen flachen Körperbau auf.

In der Natur stellt sich für die jungen Schildkröten nach dem ohnehin schon kräfteraubenden Schlupfvorgang noch ein größeres Problem in den Weg. Oft ist der Boden im Umfeld des Geleges im Laufe der Inkubation so fest geworden, daß schwache Tiere noch im Ei verenden oder aber es nicht schaffen, sich bis an die Oberfläche durchzugraben. Nur den kräftigsten Tieren gelingt der Weg ans Tageslicht. An der Erdoberfläche angekommen, lauern bereits die ersten Freßfeinde, und instinktiv suchen die Schildkrötenbabys sofort Schutz im deckungsreichen Gelände.

Aufzucht

Sobald die kleinen Landschildkröten das Ei verlassen haben, werden sie aus dem Brutkasten entnommen und in spezielle Aufzuchtbehälter gesetzt. Das sollten möglichst hygienische, leicht zu reinigende Plastikwannen und -becken oder auch Aquarien sein. Der Boden wird mit Vliespapier ausgelegt, das mit Hilfe eines Zerstäubers leicht mit lauwarmem Wasser angefeuchtet wird. Als Versteck kann man zum Beispiel ein hohl liegendes Stück Pappe anbieten. Diese sterile Unterbringung ist notwendig, da sich der Bauchpanzer noch nicht geschlossen hat und ein Dottervorrat sowie die „Nabelschnur", die nicht immer beim Verlassen des Eis abreißt, noch daran hängen können. Während der ersten Stunden und Tage nach dem Schlupf wird der Dotter resorbiert. Erst dann trocknet die „Nabelschnur" und fällt ab. Etwa zeitgleich beginnt sich der Bauchpanzer zu schließen. Insgesamt etwa eine Woche lang hält man die Jungtiere einzeln, erst dann kann man sie vergesellschaften. Dies sollte jedoch nur in kleinen Gruppen mit gleichgroßen Tieren erfolgen, da ausgewachsene Landschildkröten immer eine gewisse Gefährdung der Jungtiere darstellen. Um eine bessere Kontrolle über die Freßgewohnheiten der Nachzuchten zu bekommen, ist es je nach Gruppengröße sinnvoll, die Tiere zu markieren.

Die Aufzuchtterrarien erhalten einen Bodengrund aus zum Beispiel Hobelspänen, Rindenmulch, aus leicht feuchtem Sand oder aus Materialien, wie sie in den Terrarien der ausgewachsenen Tiere auch verwendet werden. Wichtig ist, daß der Bodengrund immer leicht

zu reinigen ist. Beheizt werden die Behälter durch eine Bodenheizung mittels Wärmematten oder Heizplatten, die, da die Tiere gerne graben, immer außerhalb des Terrariums angebracht werden müssen. Zusätzlich sollte über dem Terrarium ein Strahler installiert werden, der im Strahlungszentrum für Temperaturen von 35°C sorgt. Es ist aber darauf zu achten, daß die Landschildkröten auch genügend kühlere Bereiche als Ausweich- und Rückzugsmöglichkeiten haben.
Unserer Meinung nach zu Recht wird oft über die Unverzichtbarkeit von UV-Strahlern bei der Schildkrötenaufzucht berichtet. Da sie eine zumindest vitalitätsfördernde Eigenschaft aufweisen, sollten sie immer verwendet werden.
Ideal ist es zum Beispiel, das Terrarium mit einem 70-W-HQI-Strahler zu beleuchten. Gerade die HQI-Strahler weisen ein dem Sonnenlicht ähnliches Spektrum auf, und vorausgesetzt, daß sich zwischen dem Strahler und den Tieren keine Glasscheibe befindet, erhalten die Schildkröten auch eine gewisse UV-Strahlung. Ist eine Abdeckung erforderlich, so sollte diese aus einer UV-durchlässigen Plexiglasscheibe bestehen. Ebenfalls eine milde UV-Strahlung geben die Halogen Spot-Strahler ab, jedoch muß man hier beim Kauf darauf achten, daß keine Lampentypen ohne UV-Anteil gekauft werden. Entsprechende Hinweise (UV-Stop) sind auf den Packungen angegeben.
Sehr wichtig für eine gesunde Entwicklung der Jungtiere sind neben den jahreszeitlichen Temperaturschwankungen auch die Schwankungen im Tagesverlauf. Konstant hohe Temperaturen vertragen die Nachzuchten schlechter als eine nächtliche Abkühlung entsprechend den natürlichen Bedingungen. Insgesamt sollten die Temperaturen bei den Jungtieren jedoch ausgeglichener sein als bei den Erwachsenen, nicht ganz so warm und nicht ganz so kalt.
Bei einigen europäischen Landschildkrötenarten hat es sich bewährt, die kleinen Schildkröten nicht schon im ersten Jahr in den Winterschlaf zu schikken. Es ist sinnvoller, sie in einem warmen Zimmerterrarium zu überwintern. Sobald es das Wetter erlaubt, können alle Landschildkröten während der warmen Sommermonate – zumindest tagsüber – im Garten untergebracht werden. Babys der europäischen Landschildkrötenarten können meist durchgehend den ganzen Sommer im Garten verweilen. Einige Arten scheinen jedoch etwas empfindlicher zu sein, wie zum Beispiel *Testudo graeca*, die besser im halbfeuchten Zimmerterrarium bei Temperaturen, die lokal 30°C erreichen, gepflegt wird.
Auch brauchen die Jungtiere eine etwas proteinreichere Nahrung als die ausgewachsenen Tiere. Einige Landschildkrötenbabys fressen bereits ab dem ersten Lebenstag. Ihre Nahrung sollte aus dem üblichen Grünfutter und hin und wieder zusätzlich aus Insekten, deren Larven, Würmern, Schnecken, Fleischstücken (z.B. Rinderherzstreifen) oder angefeuchteten Schildkrötenpellets bestehen. Die Mahlzeiten sollten durch-

Aufzucht

Geochelone pardalis **im Alter von zwei Monaten.** Foto: H.A. Zwartepoorte

weg mit ausreichend Vitaminen und Mineralstoffen angereichert sein. Hierfür eignet sich besonders Korvimin ZVT (erhältlich in der Apotheke und beim Tierarzt, hergestellt von der Tierärztlichen Genossenschaft in Garbsen). Nur wer seine Tiere optimal ernährt und auch artgerecht pflegt, kann Probleme durch Krankheiten und Mißbildungen vermeiden.

III. Terrarienhaltung

Bevor man sich für die Pflege von Landschildkröten entscheidet, sollte immer sorgfältig geprüft werden, ob man überhaupt in der Lage ist, die Verantwortung für die Tiere zu übernehmen. Es reicht nicht aus, eine Schildkröte zu erwerben und sie ein Leben lang bei Salat und Wasser zu pflegen. Landschildkröten sind im Gegensatz zum weit verbreiteten Volksglauben empfindliche Tiere, die eine artgerechte Haltung und eine sorgsame Pflege benötigen. Bevor man sich also Tiere zulegt, verschafft man sich einen Überblick über die Ansprüche und Bedürfnisse der zukünftigen Pfleglinge. Dann plant und baut man das benötigte Terrarium, und erst dann legt man sich die Schildkröten zu.

Das Terrarium muß zahlreichen ganz spezifischen Ansprüchen gerecht werden. Als erstes zu nennen wäre da die Größe. Aufgrund der eher langsamen Fortbewegungsweise der Landschildkröten darf man nicht glauben, die Tiere hätten nur einen geringen Platzbedarf. Häufig handelt es sich um ausgesprochene „Langläufer". Dies muß bei der Einrichtung des Behälters berücksichtigt werden, es sei denn, das Terrarium weist „riesige" Dimensionen auf, was meist nur im Freiland möglich ist. Durch die Gestaltung der Inneneinrichtung sollte ein Rundlauf im Terrarium möglich sein, da die Tiere ungern umkehren und zunächst versuchen, sich irgendwo durchzuquetschen. Einige Arten benötigen Felsen zum Klettern oder Steinspalten als Rückzugsgebiet. Ferner muß jedes Terrarium Sonnen-, Futter- und Versteckplätze und gegebenenfalls auch Badebecken beinhalten. Will man dies alles berücksichtigen, kommt man schon zu einer beachtlichen Grundfläche. Ein Terrarium, das die sechsfache mal dreifache Panzerlänge mißt, stellt sicherlich nur das absolute Minimum für eine kurzfristige Haltung dar und keine Dauerlösung. Selbst zur Pflege der kleinen Arten ist eine Grundfläche von 100x50 cm erforderlich. Welche Ansprüche dann größere Arten wie zum Beispiel *Geochelone pardalis* stellen, kann sich jeder selbst ausrechnen.

Der zweite wichtige Gesichtspunkt ist das Terrarienklima. So sollten immer möglichst verschiedene Mikroklimate vorhanden sein, die es den Schildkröten ermöglichen, sich den ihnen gerade angenehmen Bereich auszuwählen.

Als letztes sei der rein ästhetische Gesichtspunkt erwähnt, der sich oftmals nur schwierig realisieren läßt, da sich die Landschildkröten über die gesamte Bepflanzung hermachen und auch durch ihr Graben häufig dem Terrarium eine persönliche Note verleihen. Trotzdem ist es mit etwas Geschick und Einfallsreichtum durchaus möglich, auch ein Schildkrötenterrarium optisch ansprechend und zugleich zweckmäßig zu gestalten.

Freilandterrarien

Der ideale Ort für die Haltung von Landschildkröten aus den gemäßigten Klimaten (*Testudo graeca, Testudo hermanni, Testudo horsfieldii* und *Testudo marginata*) ist eine große Freilandanlage im Garten. In der Regel können die Tiere vom Frühjahr bis zum Herbst draußen gepflegt werden, und nur während längerer Schlechtwetterperioden empfiehlt sich die kurzfristige Pflege im Zimmerterrarium. Tropische Arten werden nur während der ganz warmen Tage im Freien gehalten, dann sollte man ihnen diesen Freilandurlaub aber auf jeden Fall gewähren. Die großen Vorteile der Haltung im Garten liegen auf der Hand. Die Schildkröten bekommen Sonnenlicht, frische Luft, frisches Futter, und auch das Raumangebot ist riesig im Vergleich zum Zimmerterrarium. Nicht zu unterschätzen ist sicher auch der deutlich verminderte Pflegeaufwand.

Der Standort der Freilandanlage muß sorgfältig ausgewählt werden. Es sollte möglichst der wärmste Platz im Garten sein, nicht zu windig, aber mit möglichst langer Sonneneinstrahlung. Was die Größe betrifft, so gilt: die Anlage kann nur zu klein gewählt sein. Für eine kleine Gruppe von Schildkröten einer Art reichen bei geschickter Gestaltung des Geländes bereits 10 m², für ein Pärchen oder für eine Gruppe kleinerer Nachzuchten aber auch schon 2–5 m². Sollen sich die Landschildkröten überwiegend selbst ernähren, so braucht man schon andere Ausmaße, für zwei Tiere etwa 30 m² Grundfläche.

Zur Abgrenzung des Freilandterrariums eignen sich die unterschiedlichsten Materialien. Man kann eine gegossene Betonwand wählen, aneinandergereihte Betonplatten, festes Mauerwerk (das aber an den Innenseiten möglichst glatt verputzt werden muß, damit die Tiere es nicht erklettern können), Eternitplatten, gewellte Plastikzäune, Polyesterplatten oder Holzpallisaden. Die Einfriedung soll ein Ausreißen der Pfleglinge, aber auch ein Eindringen von Ratten und anderen Räubern verhindern. Wichtig ist daher, daß der Zaun mindestens 30 cm tief in den Boden eingelassen wird. Will man seine Schildkröten im Garten überwintern lassen, oder pflegt man *Testudo horsfieldii* oder eine *Gopherus*-Art im Freilandterrarium, so sollte die Absperrung bis zu einem Meter tief ins Erdreich eingelassen werden. Anderenfalls kann es passieren, daß sich die Schildkröten unter der Umzäunung hindurchgraben. Auch die Höhe der Absperrung sollte nicht zu knapp bemessen sein. Als Faustregel gilt mindestens die dreifache Panzerlänge, da fast alle Landschildkröten hervorragende Kletterer sind! Ist die Umzäunung recht rauh, zum Beispiel wenn sie aus unverputztem Mauerwerk besteht, so sollte sie auf jeden Fall mit einem Überhang ausgestattet sein.

Mit Hilfe einiger gestalterischer Maßnahmen läßt sich das Freilandterrarium nun zu einem artgerechten Lebensraum formen. Als erstes sollte man, wenn es sich um sehr schweren Boden handelt, für eine ausreichende Drainage sorgen, damit das Gehege beim nächsten heftigen Regenfall nicht unter Wasser steht. Die Freilandanlage wird durch das Anhäufen kleiner Hügel gestaltet, die aus einem lockeren Sandboden bestehen sollten. Vor allem, wenn sich die Hügel in ihrer Konsistenz deutlich vom übrigen Boden unterscheiden, werden sie von den Weibchen bevorzugt als Eiablageplatz angenommen, und die oft mühsame Suche nach den Gelegen entfällt.

Sehr wichtig sind auch Schattenplätze unter dichten Büschen, wo die Schildkröten der Mittagshitze entgehen können. Nicht ganz einfach ist die richtige Wahl der Bepflanzung, da viele Pflanzen von den Schildkröten gefressen oder aber schwer geschädigt werden. Der ideale Bewuchs besteht aus harten, krautigen und bodenständigen Gewächsen sowie aus halbhohem Buschwerk. Nicht verwenden sollte man jedoch giftige Pflanzen wie zum Beispiel Oleander oder die Herbstzeitlose. Entlang der Umfriedungsränder verzichtet man auf jegliche Bepflanzung, da die Landschildkröten den Rand gerne als Laufweg nutzen. Die übrige Anlage sollte einem Trockenhang mit möglichst abwechselungsreichen Futterpflanzen gleichen. Natürliche Futterpflanzen sind neben den verschiedenen Gräsern vor allem Klee, Löwenzahn, Kleines Habichtskraut, Spitzwegerich, Mehlige Königskerze, Kleiner Ampfer oder Vogelmiere.

Freilandterrarien

Freilandanlage im Garten der Verfasserin.
Foto: W. Schmidt

Die Fütterung sollte immer an derselben Stelle erfolgen. Foto: U. Koschnitzke

Ein gutes Gedeihen und eine Regeneration dieses Pflanzenwachstums kann man am besten erreichen, indem die Freilandanlage in zwei Teile geteilt wird und man die Schildkröten nur in einem Bereich hält. Während der bewohnte Teil von den Tieren abgeweidet wird, kann sich der Pflanzenbewuchs des anderen Geheges erholen. Besteht die Möglichkeit nicht, so bleibt meist nichts anderes übrig, als die genannten Futterpflanzen zu sammeln und zusätzlich anzubieten.

Die Fütterung sollte immer an einem festen Platz erfolgen, an den sich die Tiere schnell gewöhnen. Nur so können die Schildkröten ausreichend und kontrolliert mit Vitaminen und Mineralstoffen versorgt werden. Besonders wichtig ist auch in der Freilandanlage ein geeignetes Bade- bzw. Trinkbekken. Die Form des Behälters sollte so gewählt sein, daß die Randbereiche gleichmäßig und flach abfallen. Die Struktur des Untergrundes darf keinesfalls zu glatt sein, damit die Tiere das Badebecken problemlos verlassen können. Da die Schildkröten beim Baden ausgiebig trinken und zugleich ihr Geschäft hinterlassen, muß das Wasserbecken leicht zu reinigen sein. Ideal wäre daher ein fest installierter Abfluß. Sowohl am Futterplatz als auch im Wasserbecken ist immer auf peinlichste Sauberkeit zu achten.

Als letzter Bestandteil eines jeden Freilandterrariums muß das an drei Seiten geschlossene Schutzhäuschen erwähnt werden. Die Grundfläche sollte etwa eine Größe von 60x60 cm aufweisen. Will man seine Tiere im Freien überwintern, so muß der Boden darunter etwa einen Meter tief ausgehoben werden. Noch darunter legt man dann eine tiefe Drainageschicht an. Die Seiten und der Boden müssen mit einer sehr festen, groben Gaze gegen ein Eindringen von Nagern aller Art gesichert werden. Dann füllt man die Grube mit einem lockeren Laub-Sand-Gemisch. Darauf gibt man eine hohe Schicht aus Laub und Stroh, in die sich die Tiere auch nachts zurückziehen können. Sobald sich alle Landschildkröten im Spätherbst zur Überwinterung in ihrer Hütte verkrochen haben, werden auch die letzten Hohlräume mit Laub und Stroh ausgestopft. Anschließend wird der Eingang mit grobem Draht gegen das Eindringen von Nagern gesichert. Die beste Art der Überwinterung ist jedoch das Einsammeln der Schildkröten im Herbst und das Überwintern in kühlen Räumen.

Dient die Hütte lediglich als Nachtquartier und nicht zur Überwinterung, so reicht es, den Bodengrund etwa 30 cm tief auszuheben. Der Ausgang der Schutzhäuschen sollte immer in südöstliche Richtung zeigen, damit die Morgensonne die Tiere weckt und aus der Hütte lockt.

Aber nicht nur die Arten aus den gemäßigten Breiten, gerade auch zahlreiche tropische Arten genießen jede Möglichkeit des Freilandaufenthaltes. Jedoch dürfen diese Landschildkröten nur an den wirklich warmen und trokkenen Tagen im Hochsommer ganztägig im Freilandterrarium untergebracht werden. Abends holt man die Tiere besser wieder ins beheizte Zimmerterrarium. Einige Arten, wie zum Beispiel *Geochelone radiata*, vertragen aber auch eine gewisse nächtliche Abküh-

Freilandterrarien

lung, vorausgesetzt, daß sie am nächsten Tag Gelegenheit haben, sich wieder ausreichend zu erwärmen. Es scheint, als schützt der voluminöse Körperbau die Tiere vor einer zu starken Abkühlung (WICKER, mündliche Mitteilung). Gute Erfahrungen mit der zumindest zeitweisen Freilandhaltung liegen für zahlreiche Arten vor. Dazu gehören *Geochelone pardalis, Geochelone radiata, Geochelone sulcata, Geochelone elegans, Geochelone denticulata, Geochelone carbonaria, Geochelone chilensis, Geochelone gigantea, Geochelone nigra, Kinixys belliana* und *Testudo kleinmanni*. Auf jeden Fall sollte man ausprobieren, wie die Tiere auf den Freilandaufenthalt reagieren und bei sichtlichem Wohlbehagen häufiger die Möglichkeit eines Sonnenbades bieten.

Wer keinen Garten hat, wohl aber einen sonnenbeschienenen Balkon, sollte diesen soweit möglich für Sonnenbäder seiner Pfleglinge nutzen. Nicht geeignet sind schattige oder windige Balkone. Ungeeignet sind ebenfalls die oft unnatürlich kalten Steinböden, die das Risiko für Erkältungen noch erhöhen. Nach Süden ausgerichtete Balkone sind sicherlich am besten geeignet, doch auch hier können Probleme auftreten. Bei starker Sonneneinstrahlung kann es leicht zu einem Hitzestau kommen, der für die meisten Landschildkrötenarten unerträgliche Temperaturen bedeutet. Es ist unbedingt anzuraten, die Tiere nur dann auf dem Balkon zu pflegen, wenn man sie jederzeit kontrollieren kann.

Schematische Darstellung einer Freilandanlage für Landschildkröten.

Freilandterrarien

Zimmerterrarien

Nur die wenigsten Landschildkrötenarten lassen sich permament im Freilandterrarium pflegen. Alle anderen müssen ganzjährig oder zumindest überwiegend im Zimmerterrarium gehalten werden. Je nach Terrarientyp spielt die Wahl des Standortes nur eine untergeordnete Rolle. Ein idealer Standort ist immer ein möglichst heller Platz. Bei geschlossenen Glaserrarien ist unbedingt zu beachten, daß im Falle einer direkten Sonneneinstrahlung die Temperaturen nicht auf Werte steigen, die von den Schildkröten nicht mehr vertragen werden. Um einer Überhitzung vorzubeugen, empfiehlt sich sicherheitshalber die Steuerung der Beleuchtung und der Heizung über zwischengeschaltete Kontaktthermometer, die die Stromzufuhr mit Erreichen einer zuvor festgelegten Temperatur unterbrechen. Bei oben offenen Terrarien ist darauf zu achten, daß keine kalte Zugluft entstehen kann.

Aufgrund der benötigten Grundfläche wird man wohl nur bei den kleinen Schildkrötenarten silikongeklebte Glas- und stabilere Rahmenterrarien verwenden können. Für viele Arten, wie zum Beispiel *Geochelone pardalis*, *Geochelone denticulata* oder *Geochelone sulcata*, eignen sich eigentlich nur fest gemauerte Terrarien oder speziell für die Schildkrötenhaltung umgestaltete Zimmer. Aufgrund der erforderlichen Größe wird man, selbst wenn man kleine Arten pflegen will, sein Terrarium selbst bauen oder bei einem Händler, der auch Spezialanfertigungen nach den gewünschten Maßen baut, bestellen müssen (Adressen in den einschlägigen Fachzeitschriften wie DATZ, herpetofauna, Sauria, Rundbrief der DGHT, elaphe, SIGS- Info usw.).

Grundsätzlich sollte eine längliche Form gewählt werden, um den Tieren eine möglichst lange Lauffläche zu bieten. Die Höhe des Behälters spielt nur eine untergeordnete Rolle, sie sollte aber mindestens so hoch gewählt sein, daß die Landschildkröten die Wände nicht überklettern können.

Bestens bewährt hat sich die rundum geschlossene und nur oben offene Bauweise, da sie eine ausreichende Frischluftzufuhr gewährleistet, die relative Luftfeuchtigkeit recht niedrig bleibt und es auch nicht zu einem Temperaturstau kommen kann. Die Terrarien werden am günstigsten von unten beheizt. Dafür wird eine Heizplatte oder eine Heizmatte, die eine nicht zu hohe Oberflächentemperatur erzeugt, unter einem Teil des Terrariums montiert. Da nur ein Teil der Bodenfläche beheizt wird, erhält man ein Temperaturgefälle, wodurch sich die Landschildkröten ihren gerade optimalen Temperaturbereich aussuchen können. Beleuchtet werden die offenen Terrarien mit darüber aufgehängten Spezialstrahlern, wie sie in der Aquaristik gebräuchlich sind. Sie sind zwar nicht gerade preiswert, haben aber ein formschönes Aussehen, so daß sie sich auch in einem Wohnzimmer integrieren lassen. Für die Beleuchtung sollte man nur HQI- und HQL- Strahler verwenden, da sie eine hohe Lichtausbeute aufweisen, einen gewissen UV-Anteil besitzen und auch reichlich Wärme abstrahlen. Reicht die erzeugte Wärme nicht aus, kann man zusätzlich Spot- oder Halogenstrahler (keine Coolspots) verwenden.

Schwieriger ist da schon die Umgestaltung eines Raumes oder eines Zimmerteils zum Terrarium. Die Beheizung sollte durch eine fachmännisch verlegte Fußbodenheizung erfolgen, die aber wieder nicht den ganzen Boden gleichmäßig erwärmen darf. Sehr wichtig ist auch eine gute Isolierung (besonders der nicht beheizten Teile), da sich die Landschildkröten auf kalten Steinböden recht schnell erkälten können.

Vor dem Besatz eines jeden Terrariums mit Tieren sollten die Temperaturen und auch die anderen Klimafaktoren sorgfältig überprüft und gegebenenfalls noch optimiert werden.

Bei der Einrichtung des Terrariums beginnt man üblicherweise mit den Felsenaufbauten oder mit dem Einbringen von Steinplatten. Diese müssen immer im Aufbau direkt auf dem Terrarienboden beginnen und in sich fest verankert werden, so daß sie nicht einstürzen oder untergraben werden können. Zur erhöhten Sicherheit werden die einzelnen Steine zum Beispiel fest durch Mörtel miteinander verbunden. Schwieriger ist schon die Gestaltung der Seiten- und Rückwände. Will man ihnen ein möglichst natürliches Aussehen geben, so kann man sie mit „Moltofil für außen" dicht bestreichen. Dieses Material läßt sich mit verschiedenen Metalloxidfarben leicht einfärben und anschließend mit Sand oder anderen Materialien bestreuen. Etwas komplizierter ist es, eine geeignete Spalten- oder Kletterlandschaft herzustellen, wie sie von *Malacochersus tornieri* und den südafrikanischen *Homopus*-Arten benötigt wird. Für diese Arten müssen an der Rückwand und an den Seiten Steinplatten in unterschiedlichen Abständen fest vermauert werden, so daß sie den Tieren Unterschlupf und Kletterfläche bieten. Auch bei diesen Arten bleibt der größte Teil des Bodens als Lauffläche erhalten.

Für viele Landschildkrötenarten ist ein sandiger Bodengrund am besten geeignet. Dieser sollte nicht feinkörnig sein, sondern besser aus recht grobkörnigem Sand oder sogar aus feinem Aquarienkies bestehen. Darunter mischt man noch andere Bodenmaterialien wie zum Beispiel Lehm, um eine etwas festere Konsistenz zu erhalten.

Im Terrarium versucht man durch die Einrichtung einen „Laufparcour" zu schaffen, der aus einem relativ festen Untergrund bestehen sollte. Im Gegensatz dazu füllt man den Bodengrund an anderen Stellen wiederum sehr locker ein, so daß sich die Tiere problemlos vergraben können. Für die verschiedenen Wald- und Feuchtlandschaften bewohnenden Arten verwendet man eine höhere Humusschicht (zum Beispiel aus Blumenerde) und deckt diese mit einer dicken Laubschicht oder mit Rindenmulch zu. Weiterhin bringt man einige Versteck- und Unterschlupfplätze

im Terrarium unter. Dieses können einfach „Holzhütten" oder hochgestellte Steinplatten sein.
Hält man mehrere Landschildkröten im Terrarium, so sollten auch immer mehrere Sonnenplätze vorhanden sein. Ebenfalls dürfen nie ein fester Futterplatz, an dem die Tiere ihre Nahrung erhalten, sowie eine Wasserschale fehlen. Was für Freilandterrarien gilt, muß auch bei Zimmerterrarien beachtet werden. So sollte der Wasserteil nicht zu tief sein und ein flach abfallendes Ufer aufweisen. Er muß leicht zu reinigen sein, ideal ist ein separater Abfluß.

Einige Landschildkrötenarten, wie *Geochelone radiata*, dürfen jedoch nur einmal in der Woche Trinkwasser erhalten. Bei diesen Arten wird nach dem Trinken und Baden das Wasser immer direkt wieder abgelassen.
Die Bepflanzung dient aus Sicht der Schildkröte ausschließlich als Nahrung, daher ist eine dekorative Gestaltung mit Pflanzen nur recht schwierig zu verwirklichen. Trotzdem ist es möglich, mit ein wenig Phantasie sein Terrarium attraktiv zu bepflanzen. Für die Trockenterrarien eignen sich die verschiedenen Sukkulenten, wobei man

auf kostbare und giftige Pflanzen verzichten sollte, da sie alle angeknabbert werden. Die Pflanzen sollten in schweren Blumentöpfen im Bodengrund eingelassen werden, damit sie nicht zu leicht auszugraben sind. Ideal sind niedrig wachsende, buschartige Pflanzen, da sie Unterschlupf bieten und gleichzeitig die frischen Triebe nicht so leicht zu erreichen sind. Außerdem können Pflanzen zum Beispiel in Balkonkästen in einer für die Landschildkröten nicht erreichbaren Höhe angebracht werden.

Wesentlich schwieriger ist da schon das Betreiben eines Regenwaldterrariums, wie es beispielsweise die Arten *Kinixys erosa* und die *Manouria*-Arten benötigen. Um eine ausreichende relative Luftfeuchtigkeit zu erhalten, müssen diese Arten in geschlossenen Terrarien gepflegt werden. Lediglich unterhalb der Frontscheibe und im Deckel befinden sich Lüftungsschlitze, die für Frischluft sorgen, aber nicht so groß gewählt sein dürfen, daß die relative Luftfeuchtigkeit zu stark absinkt. Da die Luft von unten (vorne) nach oben steigt, verhindert oder mindert sie ein Beschlagen der Frontscheibe. Auch brauchen diese Arten große flache Wasserbecken mit flach ansteigenden Ufern.

Terrarientechnik

Während man die Freilandterrarien in der Regel ohne jegliche technische Hilfsmittel betreibt, ist der Aufwand bei den Zimmerterrarien schon recht groß. Ohne den Einsatz von Technik ist heute das Betreiben eines Terrariums undenkbar. Das fängt an bei dem täglichen Ein- und Ausschalten der Beleuchtung und endet bei der mittels Feuchtigskeitsfühler ausgelösten Beregnung der Terrarien. Das wichtigste Hilfsmittel ist die Zeitschaltuhr, mit der nahezu alle sich täglich wiederholenden Arbeiten automatisiert werden können. Sie schaltet die Beleuchtung, die Belüftung sowie die Heizung ein und aus. Auch läßt sich bei den regenwaldbewohnenden Arten eine Beregnungsanlage oder eine Nebelanlage betreiben, die eine hohe relative Luftfeuchtigkeit sichert. Ohne Zeitschaltuhren wäre die Steuerung eines Terrariums eine tagesfüllende und das Betreiben mehrerer Behälter eine wohl kaum noch zu bewältigende Aufgabe. Ferner kann man mit ihnen, noch besser jedoch mit einem Computer, leichter die Jahresabläufe, wie zum Beispiel die sich ändernden Photoperioden, die Temperaturänderungen, Regen- und Trockenzeiten steuern.

Da es sich bei den Landschildkröten um wechselwarme Tiere handelt, die von ihrer Umgebungstemperatur und der Strahlungswärme abhängig sind, kommt auch der Heizung eine ganz besondere Bedeutung zu. So benötigen die Schildkröten immer einen ganz spezifischen Temperaturbereich, in dem die wichtigsten Körperfunktionen optimal ablaufen und sie ihr komplettes Verhaltensrepertoire zeigen. Man unterscheidet zwei verschiedene Temperaturtypen; zum einen die Aktivitätstemperatur, gemessen als Umgebungstemperatur: das ist der Bereich, in dem die Landschildkröten aktiv sind. Zum anderen ist es die Vorzugstemperatur, gemessen als Körpertemperatur des Tieres. Diese liegt in der Regel über der Aktivitätstemperatur. Folglich muß der Schildkröte die Möglichkeit geboten werden, sich lokal auf ihre Vorzugstemperatur zu erwärmen und zwar möglichst mittels eines Strahlers. Steigt die Umgebungstemperatur längerfristig über die Vorzugstemperatur, so sterben die Schildkröten den Hitzetod. Jedes Terrarium sollte daher ein artspezifisches Temperaturgefälle aufweisen, was eine gewisse Mindestgröße voraussetzt. Die Heizung – für Glasbecken eignen sich, wie schon gesagt, Heizmatten und -platten – sollte immer unter dem Terrarium montiert werden und nur eine gewisse Fläche des Behälters erwärmen, so daß einige kühle Rückzugsgebiete bleiben. Große, gemauerte Terrarien oder umgestaltete Zimmer beheizt man am besten mit einer Fußbodenheizung, die natürlich wieder nicht den gesamten Boden abdecken darf. Oftmals reichen die dadurch erzielten Temperaturen nicht aus. Da der Boden auf keinen Fall zu stark erwärmt werden darf, müssen die Heizungsrohre zusätzlich in den Wänden verlegt werden, um so eine ausreichende Raumtemperatur zu erreichen.

Neben der Temperatur spielen die Photoperiode und die Lichtintensität eine ebenso wichtige Rolle. So ist zum Beispiel die Aktivität hauptsächlich von den Lichtverhältnissen abhängig. Durch sie erkennen die Tiere Ruhe- und Aktivitätsphasen sowie den Tag-Nacht-Rhythmus. Wichtig ist auch, daß der Jahrestemperaturzyklus in Übereinstimmung mit der Beleuchtung geschaltet wird. Für zahlreiche Funktionen, wie zum Beispiel für die Fortpflanzung oder die Winterruhe, ist bis heute nicht geklärt, ob die Temperatur, die Photoperiode oder eine Kombination aus beiden als Auslöser verantwortlich ist. Der ideale Standort eines Landschildkrötenterrariums, jedenfalls für die meisten Arten, wäre ein Platz unter einem Glasdach, wie zum Beispiel in einem Wintergarten oder Gewächshaus. Wie sehr die Tiere das intensive Sonnenlicht lieben, kann man an der erhöhten Aktivität während des stunden- oder tageweisen „Sonnenurlaubs" gut beobachten. Daher sollten nur hochwertige Strahler, die gleichzeitig eine gewisse milde Wärme abgeben, als Beleuchtungsmittel Verwendung finden. Besonders geeignet sind die HQI-Strahler (Joddampfentladungslampen), erhältlich in einer Stärke ab 70 Watt, und die HQL-Strahler (Quecksilberdampflampen), erhältlich in einer Stärke ab 50 Watt. Sie haben nicht nur eine große Lichtausbeute, sondern sie geben auch eine gewisse Wärmestrahlung und ein sehr schönes sonnenlichtähnliches Licht ab. Normale Strahler eignen sich wegen der geringen Lichtausbeute nur zum Beheizen der Terrarien. Für reine Waldbewohner, die Sonnenlicht nur kurzfristig genießen, eignen sich auch hochwertige Leuchtstoffröhren wie zum Beispiel die Serie lumilux von Osram, kombiniert mit einem Strahler, unter dem sich die Schildkröten zumindest morgens bis auf ihre Vorzugstemperatur erwärmen können. Die Beleuchtungsdauer sollte, wenn nötig, mit dem Jahresrhythmus schwanken oder aber etwa 14 Stunden täglich betragen. Steht das Terrarium in einem viel benutzten Zimmer, so gewöhnen sich die Tiere schnell an das Leben außerhalb des Terrariums und lassen sich nicht dadurch stören, so daß man sie unbeeinträchtigt beobachten kann.

Überwinterung

Die Überwinterung ist leider immer ein etwas problematisches Thema. In der Praxis ist sie oft nicht so leicht zu bewerkstelligen, und auch in der Literatur sind teilweise recht widersprüchliche Angaben zu finden. Wir wollen daher zuerst versuchen, die Frage zu klären: Welche Arten müssen oder sollten überhaupt überwintert werden? Dies sind *Testudo graeca graeca, Testudo graeca ibera* (je nach Herkunftsort haben sich diese Schildkröten aber auch ohne richtige Überwinterung schon im Terrarium fortgepflanzt), *Testudo hermanni, Testudo horsfieldii* und *Testudo marginata*. Alle anderen Arten können ohne Winterruhe problemlos gepflegt und vermehrt werden. Es reicht bei ihnen völlig aus, den Jahresrhythmus in etwa nachzuempfinden.

Wie alle Amphibien und Reptilien aus den gemäßigten Breiten, suchen auch die oben genannten europäischen und mittelasiatischen Landschildkröten zu Beginn der kalten Jahreszeit eine frostsichere Stelle auf. Meist vergraben sie sich dazu einfach im lockeren Erdreich. Dort fallen sie in einen Zustand der Starre (die sogenannte Winterruhe oder Winterstarre), wenn die Temperaturen nicht mehr ausreichen, um den „normalen" Stoffwechsel ungestört weiter ablaufen zu lassen. Dieser kommt während der Winterruhe aber nicht vollständig zum Stillstand, sondern wird auf ein Minimum reduziert. Der Auslöser für dieses Verhalten ist wahrscheinlich eine Kombination der Faktoren abnehmende Tageslänge und sinkende Temperaturen. Während man bei ganz jungen Tieren auf die Winterruhe verzichten sollte, da sie nicht immer über ausreichende Nahrungsreserven verfügen, ist die Winterruhe für ältere Schildkröten, etwa ab dem dritten Lebensjahr, eher gesundheitserhaltend und später im fortpflanzungsfähigen Alter sogar unerläßlich. Denn erst die Keimruhe durch die Winterruhe sorgt dafür, daß Samen und Eier im Frühjahr befruchtungsfähig sind. Ohne Winterruhe dürfte es wohl nur in Ausnahmefällen und nur bei einigen *Testudo graeca*-Formen zu einer erfolgreichen Fortpflanzung kommen.

Überwinterung

Am einfachsten, aber unter Umständen auch am risikoreichsten ist die Überwinterung im Garten. Wie schon erwähnt (siehe Freilandterrarium), vergraben sich die Landschildkröten im Spätherbst und tauchen erst im Frühjahr wieder auf. Vergraben sich alle Tiere in den dafür bestimmten Häuschen, so geht das noch relativ problemlos. Einzelne Tiere vergraben sich aber auch an anderen Stellen, und dann ist die Gefahr des Erfrierens recht groß, da sie sich im harten Erdreich oft viel zu flach eingraben. Niemals im Garten überwintern lassen sollte man *Testudo horsfieldii*, da die Tiere bei kurzfristig wärmeren Temperaturen die Winterruhe unterbrechen und sich dann nicht wieder tief genug eingraben. Wesentlich sicherer ist die Überwinterung in einem kalten, dunklen Raum. Wichtig ist jedoch, daß sich dieser nicht auf Temperaturen von unter 1°C abkühlt und möglichst nicht auf über 10°C erwärmt. Ideal sind Werte etwa zwischen 5 und 8°C, da dann der Stoffwechsel immer noch so stark eingeschränkt ist, daß die Reserven nicht übermäßig verbraucht werden. Steigen die Temperaturen während eines längeren Zeitraums auf 12°C und mehr an, so können die Landschildkröten wieder erwachen und an die Oberfläche kommen.
Als Überwinterungsraum eignen sich folglich Garagen, Schuppen und sehr kühle Kellerräume, die alle mit einem Frostwächter (elektrische Heizung, die verhindert, daß die Temperaturen auf unter 1°C sinken) ausgestattet sind. Auch muß sichergestellt sein, daß Nager, wie zum Beispiel Ratten und Mäuse, die schlafenden Tiere nicht erreichen können, da sie diese sonst an- oder gar auffressen würden. Die Überwinterung erfolgt zweckmäßigerweise in einer Kiste mit den ungefähren Abmessungen von 60x60 cm Grundfläche und einer Mindesthöhe von 50 cm. Sie sollte frei im Raum etwas erhöht auf Füßen stehen, damit der Frost nicht durch die Wand oder durch den Boden doch noch in die Kiste gelangen kann. Da die Schildkröten weiterhin atmen, darf der Behälter nicht luftdicht verschlossen sein. Es eignen sich Kisten aus Holz, aber auch aus anderen Materialien, jedoch müssen sie dann an den Seiten Lüftungsflächen aufweisen. Der Deckel kann einfach mit feiner Gaze bespannt werden oder sollte mit Lüftungsschlitzen versehen sein. In diese Kiste wird ein mindestens 30 cm, besser 50 cm hohes Gemisch aus leicht feuchtem Laub und Torfmoos gegeben. Auch andere Materialien eignen sich für diesen Zweck, lediglich auf fein staubende Substrate, wie zum Beispiel Torf, sollte man verzichten. Geraten sie einmal in die Atemwege, können ernsthafte Schwierigkeiten auftreten. Das Ganze deckt man mit einer etwa 10 cm hohen Schicht aus Laub, Stroh oder Heu ab.
Was aber macht man, wenn kein kühler Raum oder geeigneter Keller vorhanden ist? Es bleibt einem nur noch die kontrollierte Überwinterung in einem Kühlschrank. Diese Methode hat sich in den letzten Jahren als sehr sicher erwiesen und findet daher immer mehr

Anhänger. Hierfür werden die Landschildkröten, wie später noch beschrieben, auf die Winterruhe vorbereitet. Nur anstelle des sonst üblichen Einbringens in einen Überwinterungskasten werden sie nun einzeln in kleinen luftdurchlässigen Pappschachteln, die mit leicht feuchtem Torfmoos gefüllt sind, untergebracht. Zur Einwinterung setzt man die Schildkröten auf eine Schicht Sphagnum und füllt anschließend die Leerräume mit Torfmoos aus. Diese Kartons werden dann im Kühlschrank gestapelt. Da sie sich leicht beschriften lassen, ist eine gute Kontrolle gewährleistet. Die Temperaturen sollten während der 5–6monatigen Winterruhe bei ca. 5–6°C liegen. Etwa alle 6–8 Wochen kontrolliert man das Sphagnum auf noch vorhandene Feuchtigkeit und feuchtet es gegebenenfalls nach. Gleichzeitig gelangt dabei wieder Sauerstoff in den Kühlschrank. Jungtiere sollten auch bei dieser Methode kürzer überwintert und dann noch einige Zeit im Zimmerterrarium gepflegt werden, ehe sie im Sommer wieder in den Garten können. Aber nicht nur für die Jungtiere ist es von besonderem Vorteil, die Winterdauer individuell steuern zu können. So hat man jetzt auch die Möglichkeit, die Männchen ein bis zwei Wochen vor den Weibchen aufzuwecken und in die Freilandanlage zu setzen, da dies offensichtlich von Vorteil für das Paarungsverhalten ist. Im Idealfall weckt man die Schildkröten an kühlen Tagen, so daß sie sich langsam an wärmere Temperaturen gewöhnen.

Im Spätherbst fängt man die Landschildkröten aus der Freilandanlage heraus und badet sie in einer flachen mit handwarmem Wasser gefüllten Schüssel. Dabei trinken die Tiere sehr viel und entleeren bei dieser Gelegenheit auch ihren Darm. Anschließend werden sie sorgfältig abgetrocknet und zum Beispiel mit Babyöl eingefettet. Danach läßt man sie noch einige Tage ohne zu füttern umherlaufen, ehe man den Vorgang wiederholt und die Tiere einwintert. Dafür werden die Schildkröten einfach in die Überwinterungskiste gesetzt, die bereits in einem kühlen Raum steht. In der Regel vergraben sich die Tiere sofort. Sollte sich eine Landschildkröte nicht eingraben, also trotz kühler Temperaturen nach einer Woche noch immer an der Oberfläche sitzen, so ist sie den Winter über besser in einem beheizten Zimmerterrarium zu pflegen. In der Kiste wird ein Thermometer installiert, mit dem man besonders an kritischen, das heißt sehr kalten Tagen die Temperaturen überprüft. Ferner muß man etwa alle vier Wochen das Substrat auf noch ausreichende Feuchtigkeit kontrollieren. Die Winterruhe sollte zwischen vier und sechs Monate betragen. Nachdem die Landschildkröten ihr Winterquartier verlassen haben, werden sie zunächst gebadet, wobei sie kräftig trinken. Sobald es die Wetterlage erlaubt, können die Tiere ins Freilandterrarium gesetzt werden. Nur bei *Testudo graeca* (jedoch stark abhängig von der Herkunft, d. h. Unterart) und ganz besonders bei *Testudo horsfieldii* wartet man mit dem Heraussetzen et-

Überwinterung

was länger, also auf sehr schönes Wetter mit ausreichend hohen Temperaturen. Beide Arten reagieren auf naßkaltes Wetter schnell mit Erkältungserscheinungen und sollten daher etwa bis Mai im beheizten Zimmerterrarium gepflegt werden. Weitere Besonderheiten werden bei den jeweiligen Artenbeschreibungen erwähnt.

Testudo horsfieldii   Foto: W. Schmidt

Ernährung

Die artgerechte Fütterung, zu der neben der Auswahl des geeigneten Futters insbesondere auch die Versorgung mit Vitaminen und Mineralstoffen gehört, stellt sicherlich eine der wichtigsten Aufgaben bei der Landschildkrötenpflege dar. Verglichen mit dem Nahrungsangebot in der Natur, leben die Tiere im Terrarium häufig wie im Schlaraffenland.

In der freien Wildbahn müssen sich die Schildkröten ihr Futter immer selbst suchen. Dabei kann es vorkommen, daß sie oft tagelang nichts oder nur wenig finden. So müssen Savannenbewohner oft monatelang Gras fressen, teilweise sogar vertrocknetes. Andererseits schlagen sich die Tiere zur Zeit der Obstreife den Bauch von heruntergefallenem Obst regelrecht voll. Im ehemaligen Jugoslawien kann man *Testudo hermanni* im Spätsommer besonders häufig in der Nähe von Brombeerhecken beobachten, deren Beeren sie genüßlich fressen.

Das Futter im Terrarium ist jedoch bei sorgfältiger Auswahl wesentlich besser und steht immer gleichmäßig zur Verfügung. Damit aus dem Überfluß kein Nachteil erwächst, sollte man seinen Landschildkröten bei der Fütterung nicht zuviel des Guten bieten, sondern immer möglichst naturnah füttern. Die meisten Landschildkrötenarten sind vorzugsweise Pflanzenfresser. Das bedeutet aber nicht, daß sie sich rein vegetarisch ernähren. So fressen viele Arten in der Natur auch Kot und Aas, einige Arten wiederum, wie zum Beispiel *Kinixys erosa*, jagen sogar Amphibien, deren Larven und Fische. Auch gibt es fast reine Pflanzenfresser, wie die *Psammobates*-Arten, die sich überwiegend von sukkulenten Pflanzen und Sauergräsern ernähren. Gerade die Pflege dieser Nahrungsspezialisten bereitet oft Probleme, da ausreichend geeignete Nahrung nicht zur Verfügung steht.

Auch Löwenzahn steht auf dem Speiseplan der Landschildkröten. Foto: W. Schmidt

Die Hauptnahrung der europäischen Landschildkrötenarten besteht aus den verschiedensten krautigen Wildpflanzen, wie zum Beispiel aus Löwenzahn, Klee, Wegerich, Winde, Sedum, verschiedenen Gräsern, Milchdistel und Vogelmiere. Aber auch ungespritztes Gemüse wie Möhren, Bohnen, Kohl, Tomaten und ähnliches stehen auf dem Speiseplan. Eine oft große Vorliebe zeigen die Tiere für reifes Obst wie Äpfel, Birnen, Pflaumen, Erdbeeren, Brombeeren und Kirschen. Beim Verfüttern von Steinobst sollte der Kern immer entfernt werden. Nur in Ausnahmefällen und als Abwechslung im Winter werden gekochte Kartoffeln, Graupen, Reis oder Haferflocken angeboten. Auch Baby- oder Kleinkinderbreie eignen sich gut als Beifutter. Viele Arten haben bestimmte Vorlieben, zum Beispiel für Bananen. Dieses sollte man sich zunutze machen und nur sehr selten verfüttern. Die Tiere fressen diese dann so gierig, daß sie die darin enthaltenen Vitamin- und Mineralstoff-Präparate oder die Medikamente gar nicht bemerken.

Grundsätzlich wird immer möglichst abwechselungsreich gefüttert, wobei alle Grundnährstoffe vorhanden sein müssen. Unerläßlich ist daher auch eine gewisse Zufütterung tierischer Nahrung. Geeignet sind Quark, geschabtes mageres Rindfleisch, kleingeschnittene Innereien, Würmer, Schnecken, Insekten, deren Larven und Puppen sowie Fisch. Viele Schildkröten fressen recht gerne Hunde- oder Katzenfutter. Auch die verschiedensten Sorten an Pellets, wie zum Beispiel Fischfutter und Schildkrötenfertignahrung, werden gerne angenommen, wenn sie mit etwas Wasser aufgequollen sind. Niemals darf man fettes Fleisch anbieten, da es nicht verdaut werden kann. Auch muß der Anteil an tierischem Eiweiß in der Nahrung je nach Alter und Art schwanken. Füttert man ausgewachsenen Tieren zuviel tierische Nahrung, so können sie an Stoffwechselstörungen wie Gicht erkranken. Eine sehr zuckerhaltige Kost kann einen Parasitenbefall begünstigen (HIGHFIELD 1990). Um einmal eine Vorstellung von der Nahrungszusammensetzung zu bekommen, sei hier ein Beispiel gegeben: Die Nahrung für die europäischen Arten sollte zu 77% aus pflanzlichen Stoffen, zu maximal 20% aus tierischen Stoffen, zu 2% aus einem hochwertigen Vitamin- Mineralstoff- und Aminosäuren-Gemisch, zum Beispiel Korvimin ZVT, und zu 1% aus Kalziumlactat bestehen. Da man nun nicht jeden Tag Zeit hat, seinen Landschildkröten ein entsprechendes Menü zusammenzustellen, füttern zahlreiche Liebhaber ihre Pfleglinge mit einem Gelatinefutter, dem sogenannten „Schildkröten-Aspik". Rezepte gibt es viele, jedoch sollten sie möglichst auf die gepflegte Art abgestimmt werden. Für die europäischen Landschildkröten wird die Grundsubstanz zu etwa 80% aus pflanzlichen Zutaten gebildet. Hierfür nimmt man verschiedene Wildkräuter (Löwenzahn, Wegerich, Klee usw.), aber genauso gut eignet sich ein Anteil an Küchenkräutern und Keimlingen aus einem Keimapparat (Bio-

Quick), dazu verschiedene Gemüsesorten (Möhren, Kohl, Tomaten usw.), reifes Obst (Äpfel, Birnen, Pflaumen usw.) und im Winter auch gekochte Kartoffeln und Reis. Die Zutaten werden sorgfältig gereinigt und abgetrocknet. Nachdem das Steinobst entkernt ist, wird alles mit einem Pürierstab zu einem feinen Brei verarbeitet. Die letzten 20% der Grundmasse werden zum Beispiel aus Schabefleisch und Garnelenschrot gebildet, ebenfalls zu Brei verarbeitet und zusammen mit einem Vitamin-Mineralstoff-Aminosäuren-Gemisch sowie Kalziumlactat unter das pflanzliche Püree gerührt. Anschließend wird die bereits vorgequollene Gelatine (nach Anleitung) in den Brei eingerührt. Der fertige Schildkröten-Aspik kann dann portionsweise eingefroren werden. Bei -18°C hält er sich etliche Wochen. Das Nährsubstrat muß gut und vor allem luftdicht verschlossen werden, damit es nicht austrocknet. Gefüttert wird je nach Futtersorte besser öfter in kleinen Portionen als nur hin und wieder in großen Mengen. Bei den meisten Arten reicht es aus, wenn den adulten Tieren etwa zwei- bis dreimal in der Woche Nahrung angeboten wird. Nur die Saisonfresser, die sich in wenigen Wochen und Monaten einen Nährstoffvorrat für die Sommer- oder Winterruhe anfressen müssen, sollten regelrecht im Futter stehen. Auch die Jungtiere müssen mit ausreichend hochwertigem Futter versorgt werden und sind daher täglich und abwechselungsreich zu ernähren.

Landschildkröten benötigen natürlich auch Trinkwasser. Bei einigen Wüsten und Trockensavannen bewohnenden Arten reicht es völlig aus, den Tieren nur alle 8–30 Tage Wasser anzubieten. Andere Arten aus der Feuchtsavanne oder aus den Regenwäldern hingegen benötigen täglich frisches Wasser. Manche Schildkrötenliebhaber baden ihre Tiere regelmäßig in lauwarmem Wasser (bei ca. 28–30°C), wobei die Schildkröten ausgiebig trinken. Nach dem Bad müssen sie sorgfältig abgetrocknet werden und dürfen nicht gleich niedrigen Temperaturen ausgesetzt sein.

Die Versorgung der Landschildkröten mit Vitaminen, Mineralstoffen und bestimmten Aminosäuren stellt ein wichtiges Thema dar, über das es ebensoviele Meinungen wie Terrarianer gibt. Sicher ist, daß das gesamte Futter trotz aller Abwechslung und aller Nährwerte aufgewertet werden muß. Dies ist um so erstaunlicher, wenn man es mit der „kargen Kost" in der Natur vergleicht. Doch scheint dort häufig die ideale Zusammensetzung – vielleicht auch im Zusammenspiel mit der Sonne – vorzuherrschen. Wir empfehlen allen, die noch kein eigenes Rezept besitzen, das gesamte Futter mit Korvimin ZVT (ein sehr gehaltvolles Vitamin-, Mineralstoff- und Aminosäuren-Gemisch, erhältlich in der Apotheke oder beim Tierarzt), einzustäuben und dieses Präparat auch unter die Futtermischungen zu geben. Zusätzlich kann man noch Kalziumlactat verabreichen und einmal in der Woche Multimulsin zufüttern, etwa einen Tropfen je 10 cm Panzerlänge.

Ernährung

Psammobates oculiferus **ernährt sich in der Natur auch von Hyänenkot, der besonders kalziumhaltig ist.**

Ein Problem bei der Aufzucht stellt die Höckerbildung als eine Form der wahrscheinlich falschen Ernährung und Haltung dar. Diese Anomalie ist wahrscheinlich auf ein Zusammenspiel verschiedener Faktoren zurückzuführen, so zum Beispiel auf „zu gutes Futter", zu viele Proteine, unnatürlich warme Haltung, keine Jahres- und Tagestemperaturschwankungen, zu dunkle Haltung und nicht zuletzt fehlendes Vitamin D und Kalzium, aber auch fehlende UV-Bestrahlung.

Krankheiten

Allgemeines

Landschildkröten gelten als ruhige und robuste Terrarienpfleglinge. Doch der Schein trügt. Die Tiere reagieren sehr empfindlich auf falsche Haltungsbedingungen, nicht artgerechte Pflege, unausgewogene Fütterung und einige Arten auch auf grobe Störungen. Wechselwarme Tiere benötigen ein ihnen entsprechendes Klima, was gerade in unseren gemäßigten Zonen in den Übergangsjahreszeiten Probleme bei der Freilandhaltung mit sich bringen kann.

Anzeichen einer Erkrankung können recht unterschiedlich sein, zum Beispiel Apathie, Appetitlosigkeit, Abmagerung, laufende Nase, verklebte Augen, veränderter Kot oder Panzerveränderungen. Auch auf Streß reagieren einige Arten mit Durchfall oder erhöhtem Urinabsatz.

Leider sind die Krankheiten immer noch ein sehr schwieriges Thema in der Terraristik. In der Regel dürfte der normale Landschildkrötenpfleger mit der richtigen Diagnose und der anschließenden Behandlung überfordert sein. Somit bleibt nur der Gang zu einem mit Schildkröten erfahrenen Tierarzt. Solche Spezialisten sind aber nach wie vor selten. Erfahrene Terrarianer und Zoos können mit entsprechenden Adressen weiterhelfen. Die AG „Schildkröten und Panzerechsen" (Kontaktadresse: Rainer Engert, Am Pettweg 1 in 68642 Bürstadt) oder die AG „Amphibien- und Reptilienkrankheiten" (Kontaktadresse: Ingo Pauler, Im Sandgarten 4, 67157 Wachenheim) sind weitere Anlaufstellen.

Leichter als eine Behandlung ist aber ganz klar die Vermeidung von Erkrankungen durch eine artspezifische Haltung und Fütterung und eine Quarantäne von Neuzugängen. Solche Schildkröten gelten geradezu als idealer Lebensraum von Krankheitserregern (Parasiten, Viren, Bakterien). Als Trägertier zeigen sie meist keine Anzeichen einer Erkrankung, können aber bei Vergesellschaftung mit anderen Reptilien, die diese Erreger nicht kennen, zu lebensgefährlichen Situationen führen. Jedes neu erworbene Tier kommt daher erst einmal in Quarantäne. Als Quarantänebehälter eignen sich zum Beispiel leicht zu reinigende Plastik- oder Glasarrien. Der Bodengrund besteht aus Vliespapier, das täglich gewechselt werden muß. Der erste Kot wird an eine der bekannten Untersuchungsstellen zur kostenpflichtigen Untersuchung auf Salmonellen und Innenparasiten geschickt. Folgende Angaben sollten möglichst beigefügt sein:

1. Wissenschaftlicher Name der Schildkröte
2. Alter und Herkunft
3. Zeitdauer der Pflege
4. ggf. Krankheitssymptome

Namen einiger bekannter Institute:

- GE-VO Diagnostik, Jakobstraße 65 in 70794 Filderstadt
- Tiergesundheitsamt Hannover, z.Hd. Herrn Dr. Röder, Vahrenwalder Straße 133 in 30165 Hannover
- Labor Pfister, Morgenstraße 83 b in CH-3018 Bümpliz.

Erhält man von dort einen positiven Befund (Trägertum liegt vor), so fragt man beim Tierarzt oder bei der Untersuchungsstelle nach Behandlungshinweisen und geeigneten Präparaten. Nach der Therapie kann eine erneute Untersuchung zu einem negativen Befund führen (keine Parasiten nachweisbar). Damit darf die Schildkröte in ihr endgültiges Zuhause entlassen werden. Andernfalls muß sie erneut behandelt werden. Auf diese Weise läßt sich der häufige Wurm- oder Einzellerbefall leicht bestimmen und anschließend gezielt behandeln.

Eine wichtige Prophylaxe von Erkrankungen bei Landschildkröten ist auch die getrennte Haltung verschiedener Arten.

Erkältung

Viele Landschildkröten erkranken leider recht schnell an einem zunächst harmlos erscheinenden Schnupfen. Bei den Schildkröten tritt dann eine bläschenförmige Flüssigkeit aus der Nase. Während des Atmens kann man leichte „Fiep"-Geräusche vernehmen, auch atmen die Tiere mit leicht geöffnetem Maul. Später kann gelblich-schleimiger Nasenausfluß oder Atemnot auftreten (starke und frequentere Beinbewegungen beim Atmen). Dazu kommen noch Lidschwellungen und verklebte Augen. Eine anschließende Lungenentzündung kann dann fatale Folgen haben, da Reptilien wegen eines fehlenden Zwerchfells eine Lungenvereiterung nicht abhusten können. Die Ursachen liegen häufig bei falschen Haltungsbedingungen. Dazu zählen zum Beispiel Zugluft, Haltung auf zu kalten Steinböden, ungeschützte Unterbringung im Freiland bei Schlechtwetterperioden oder ungenügende Versorgung mit Vitamin A. Erkältungen können aber auch durch eine Infektion (Kontakt zu anderen mit Erregern befallenen Arten, wie zum Beispiel *Testudo graeca* mit Herpesviren) oder allgemeine Schwächung (reduziertes Abwehrsystem) ausgelöst werden.

Im Anfangsstadium helfen Wärme, Vitamin-A-Gaben und Kamillendampfbäder. Zeigt die Behandlung keinen Erfolg oder befindet sich das Tier in einem geschwächten Zustand, beziehungsweise ist die Krankheit schon weiter fortgeschritten, wird der Gang zum Tierarzt unausweichlich. Grundsätzlich gilt auch hier, lieber früher als zu spät zum Veterinär zu gehen.

Für ein Dampfbad werden einige Tropfen Kamillosanlösung (Anleitung beachten) in einem Behälter mit einem halben Liter sehr warmem Wasser gegeben. Darauf setzt man ein Salatsieb mit der Schildkröte darin, das einige

Zentimeter über dem Wasserstand fixiert ist. Mit einem Tuch wird alles abgedeckt. Nach etwa einer Viertelstunde entfernt man einen Teil des abgekühlten Wassers und gießt heißes nach, um die Temperatur (ca. 28–30°C) zu halten. Nach der Behandlung wird das Tier sorgfältig abgetrocknet und unter eine Wärmelampe gesetzt (Abstand beachten, Ausweichmöglichkeit). Eine sehr ausführliche Anleitung findet sich bei JANSON (1986).

Die in diesem Zusammenhang auftretenden Augenschwellungen behandelt man, indem man das Auge dreimal täglich mit Kamillentee auswäscht und anschließend mit Augensalbe bestreicht (Terramycin, Spersonicol, ohne Kortison).

Besonders die Jungschildkröten sind anfällig für eine starke Lidschwellung als Folge eines Vitamin A-Mangels. Hier Hilft nur eine Behandlung mit einer Vitamin A-haltigen Augensalbe und die gezielte Verabreichung eines Vitamin A-Präparates über das Trinkwasser.

Parasitenbefall

Außenparasiten: Wildfänge können manchmal von Ektoparasiten befallen sein. Selten sind es Milben, die als kleine (ca. 1 mm) schwarze, braune oder rote Punkte auf den Tieren zu sehen sind. Ihre Bekämpfung ist nicht einfach, muß sie doch neben einer mechanischen Entfernung mit Pinzette und Bädern meist noch mit Besprühen (2%ige Neguvon-Lösung, den Kopf auslassen) durchgeführt werden. Nach 14 Tagen wird diese Behandlung, die nicht ohne Risiken ist, wiederholt.

Daneben muß auch das Terrarium mitbehandelt werden, das heißt, entweder wird es total geleert, ausgesprüht und ausgelüftet, oder man hängt unterhalb der Lüftungsschlitze (für die Schildkröten unerreichbar) einen kleinen Streifen eines Insektizid-Strips (zum Beispiel Neguvon, Vapona, Tabbard; zwei bis drei Zentimeter pro Kubikmeter Terrarium) ein. Auf Besprühen der Reptilien mit Pyrethrumpräparaten muß auf jeden Fall verzichtet werden, da diese meist tödlich wirken!

Weitaus häufiger ist aber bei Wildfängen ein Befall mit Zecken. Dabei handelt es sich um dunkle, flache, zwei Millimeter bis zwei Zentimeter große Spinnentiere, die sich wie die Milben vom Blut ihrer Wirtstiere ernähren. Dies kann für Jungtiere und geschwächte Individuen gefährliche Folgen haben. Die Zecken sitzen immer in den Weichteilen, meistens in Hautfalten (Hals und Beine), zwischen den großen Beinschuppen und unter den Panzerrändern. Zur Behandlung betupft man die Zecken, und nur diese, mit einem Wattestäbchen, getränkt mit Äther oder Ivomec (beim Tierarzt zu beziehen, für Schildkröten selbst toxisch). Die Zecken sterben, fallen dann ab oder können samt Kopf abgelöst werden. Steckengebliebene Köpfe führen zu lokalen Entzündungserscheinungen, die mit antibiotikumhaltigen Wundsalben oder chirurgisch behandelt werden müssen.

Parasiten

Mit einer 2%igen Neguvon-Lösung können die Tiere bei Milbenbefall behandelt werden. Foto: A. Bannister, ABPL

Zecken setzen sich mit Vorliebe in den Weichteilen, in Hautfalten oder unter den Panzerrändern fest. Foto: R.E. Honegger

Innenparasiten: Bei importierten Schildkröten ist immer mit Endoparasiten zu rechnen. Auch bei Freilandhaltung ist der Befall mit Würmern oder Einzellern häufig, da sich die Tiere über ihren Kot und Urin wieder anstecken können (bei direktem Entwicklungszyklus des Parasiten). Bei Neuzugängen ist deshalb wie im Abschnitt „Allgemeines" beschrieben zu verfahren. Bei großen Gruppen im Freiland empfiehlt sich eine zweimalige Entwurmung (nach der Überwinterung, wenn die Tiere wieder gut fressen, und im Spätsommer, wenn die Tiere noch aktiv sind). Weil gewisse Parasiten (zum Beispiel Oxyuren) als Eier überwintern können, ist ein parasitenfreier Bestand bei Naturboden kaum möglich. Da die Parasiten aber mit ihrem Wirt in einem dynamischen Gleichgewicht leben können, genügt eine Verringerung der Parasitenbürde durch regelmäßiges Entwurmen (zum Beispiel Panacor 2,5% 50 mg/kg peroral).

Neben Würmern kommen bei Schildkröten aber auch andere Innenparasiten vor, nämlich Einzeller (Protozoen, Urtierchen). Solche Amöben und Flagellaten können im Verdauungstrakt beherbergt werden, ohne daß der Wirt krank erscheint. Bei Durchfall, bei der Abgabe schleimigen Urins und Nahrungsverweigerung ist der Kot sofort untersuchen zu lassen (noch körperwarm oder in Fixierlösung, Würmer oder Pilze als Ursache ausschließen) und die Schildkröte mit Metronidazol zu behandeln (zum Beispiel Clont, Flagyl; 100 mg/kg täglich peroral während einer Woche).

Verletzungen

Pflegt man eine ganze Gruppe von Landschildkröten in einer Freilandanlage, kann es leicht bei den Revierkämpfen und beim Balzverhalten zu Biß-, Ramm- oder Paarungsverletzungen (Kloakenregion) kommen. Hier sollte die Wunde sofort gesäubert (Schmutz entfernen und ausspülen) und anschließend desinfiziert werden (Betadine/Betaisodona oder Gentianaviolettlösung: 5% Gentianaviolett in 70% Alkohol). Die Pfleglinge sollten anschließend auf sauberem Grund gehalten werden. Ist die Verletzung älteren Datums, bereits entzündet oder gravierend (zum Beispiel Frakturen oder ein Penisvorfall), sollte ein Tierarzt zur Behandlung zugezogen werden.

Einen Penisvorfall kann man auch folgendermaßen behandeln (Häfeli mündliche Mitteilung): Man kühlt den Penis eine zeitlang mit einem Eiswürfel und massiert ihn hinterher mit Hilfe einer öligen Salbe wieder ein.

Legenot

Von einer Legenot (Dystozie) spricht

man, wenn ein Weibchen nicht mehr in der Lage ist, seine Eier ohne Hilfe abzulegen. Man erkennt dieses (die Beurteilung erfordert aber eine gewisse Erfahrung) an der Unruhe, der zunehmenden Grabtätigkeit, dem Verweilen über der Nestgrube oder der einsetzenden Wehentätigkeit (Stöhnen, Pressen) ohne Eiablage. Diese Legenot kann eine Vielzahl von Ursachen haben. In der Regel ist es eine Form von Streß oder das Fehlen eines geeigneten Eiablageplatzes (Substrat, Feuchtigkeit, Temperatur, Lage). Männchenüberschuß (ständige Kopulationsversuche) oder bereits die Anwesenheit des Pflegers reichen bei sensiblen Arten ebenfalls aus, um eine Legenot hervorzurufen. Bei im Freiland gepflegten Arten kann auch ein Wettersturz mit Abkühlung (mangelnde Aktivität) genügen. Ebenso sind physiologische Gründe wie Vitamin- und Mineralstoffmangel (ungenügende Schalenbildung) oder eine abnorme Größe der Eier (Festklemmen in der Beckenhöhle) als Ursachen beobachtet worden. Bei letzterem hilft nur ein chirurgischer Eingriff. In den leichten Fällen handelt es sich jedoch meist um vermeidbare Fehler, die abzustellen sind durch zum Beispiel genügend Kalziumgaben über das Futter, Entfernen der überzähligen Männchen, Bau eines Legehügels in Südlage, legebereite Weibchen höheren Temperaturen aussetzen (Gewächshaus, beheiztes Zimmerterrarium mit Ablegemöglichkeit).

Ist die Legenot erst einmal eingetreten, sollte vor einer Therapie mit dem Wehenhormon Oxytocin abgeklärt werden, ob die Geburtswege überhaupt frei sind (keine eingeklemmten, verklebten, rauhschaligen, mißgebildeten oder verletzten Eier, die beim Pressen schwere Eileiterwunden verursachen können). Dies erfolgt mittels einer Röntgenaufnahme. Anschließend wird dem Weibchen Kalzium gespritzt (1ml/kg subkutan, 10% sterile Kalziumlösung), um die Eileitermuskulatur für das Hormon empfindlich zu machen. Nach 30 Minuten wird dann die Oxytocinspritze intramuskulär verabreicht (4 I.E./kg Körpergewicht). In einem Wasserbad oder bei 30–35°C wird das Weibchen in absoluter Ruhe gelassen. Nach 30 Minuten werden dann im Normalfall die ersten Eier ausgestoßen. Bei einem Mißerfolg kann am nächsten Tag die Behandlung nochmals versucht werden (bei Annahme freier Geburtswege), ansonsten muß die Schildkröte von einem erfahrenen Tierarzt operiert werden.

Natur-, Arten- und Tierschutzbestimmungen

Wie schon erwähnt, steht es um den Schutz der Landschildkröten in ihren natürlichen Verbreitungsgebieten nicht besonders gut. Denn Schutz bedeutet in erster Linie immer Biotopschutz. Wo sollen die Tiere auch hin ohne Lebensraum und Nahrung.

Das Absammeln für den Export spielt

heute glücklicherweise keine bestandsmindernde Rolle mehr. Vielmehr macht den Tieren die Folge des ständigen Ansteigens der Bevölkerungszahlen gerade in der „Dritten Welt" sehr zu schaffen, aber auch die bloße Verbesserung der Infrastuktur in den Mittelmeergebieten kann katastrophale Folgen haben, denn jede Straße ist eine tödliche Falle. So werden einerseits die Lebensräume durch Rodungen und Urbanisierungen unwiederbringlich zerstört, andererseits macht die kaum beachtete Nahrungskonkurrenz von Rindern und Ziegen gerade in den Mangelgebieten ein Überleben immer schwieriger. Auch die fehlende Deckung wirkt sich drastisch bestandsmindernd aus, da die Jungtiere Beutegreifern leichter zum Opfer fallen. Beispiele für diese Probleme gibt es genug. Im Süden und Südwesten Madagaskars zerstörten Rinder die natürliche Pflanzenfauna, so daß am Ende nur noch nicht freßbare Dornengewächse überlebten. Derartige Probleme sind aber nicht etwa auf die „Dritte Welt" beschränkt. Gerade im Mittelmeergebiet werden ganze Landstriche aus spekulativen Gründen niedergebrannt. PREISER (1991) schätzt zum Beispiel, daß bei einem Brand im Mauren-Massiv, bei dem 15000 Hektar Wald vernichtet wurden, 10000 Schildkröten den Flammen zum Opfer fielen. In vielen Teilen der Welt hat aber auch ein Umdenken begonnen. So wurde in Madagaskar zum Beispiel *Geochelone yniphora* erfolgreich in einem Zuchtprojekt vermehrt. Auch in Südafrika bemüht man sich durch Aufklärung und Zucht um den Erhalt der teilweise recht seltenen Arten. Große Erfolge gibt es aber auch in Europa. So wurden 1990 in der „Station d'observation des Tortues des Maures" in Gonfaron im Süden Frankreichs 750 Schildkröten nachgezogen und an geeigneten Stellen wieder ausgewildert. Noch besser ist die Bilanz bei den privaten Liebhabern. Zahlreiche Arten werden heute in ausreichender Anzahl nachgezogen, so daß Importe nur noch zur Blutauffrischung erforderlich werden könnten.

Wer sich heute intensiver mit Landschildkröten beschäftigen möchte, kommt um umfangreiche Kenntnisse im Arten- und Tierschutzgesetz mit seinen zahllosen Nebenbestimmungen nicht mehr herum. Da derartige Vorschriften Inflationstendenz aufweisen und gerade in den kommenden Jahren zahllose Neuerungen auf uns zukommen, wollen wir auf eine vertiefende Darstellung verzichten und nur einen kleinen Überblick geben. Jeder Schildkrötenpfleger sollte daher Kontakt zu seinem zuständigen Sachbearbeiter bei der jeweiligen Naturschutzbehörde aufnehmen (diese ist von Bundesland zu Bundesland unterschiedlich, in NRW zum Beispiel ist die Untere Landschaftsbehörde zuständig, in Hessen sind es die Regierungspräsidenten). Dort kann er sich über den aktuellen Gesctzesstand, aber auch über die Handhabung der An- und Abmeldebestimmungen informieren. Auskünfte über die gültigen Ein- und Ausfuhrbestimmungen erhält man beim neu geschaffenen Bundesministerium für Umwelt in Bonn.

Schutzbestimmungen

Die älteste und wichtigste Schutzbestimmung ist das Washingtoner Artenschutzübereinkommen, kurz WA genannt, welches den internationalen Handel mit geschützten Tieren regelt. Auch die Bundesrepublik ist diesem Abkommen bereits vor langer Zeit beigetreten. Das WA ist in verschiedene Anhänge untergliedert, die die Schutzbedürftigkeit der einzelnen Arten, Gattungen oder Familien widerspiegeln sollen. Diese unterschiedlichen Anhänge ziehen auch unterschiedliche Rechtsfolgen nach sich.

Folgende Landschildkröten unterliegen dem Anhang I, der den strengsten Schutz bedeutet: *Geochelone nigra, Geochelone radiata, Geochelone yniphora, Psammobates geometrica, Gopherus flavomarginatus* und *Testudo kleinmanni*. Für diese Arten gilt ein totales Vermarktungsverbot, auch dürfen diese Tiere ohne Ausnahmegenehmigung weder ein- noch ausgeführt werden.

Im Anhang II sind die nicht ganz so streng geschützten Arten aufgeführt. Darunter fallen alle anderen Landschildkrötenarten.

Für alle gilt, daß die Tiere nur noch mit einer CITES-Bescheinigung abgegeben werden dürfen. Aber Vorsicht, es

Geochelone yniphora gehört zu den seltensten Schildkröten. Es wird angenommen, daß es nur noch etwa 400 Exemplare dieser Art gibt. Foto: G. Osadnik

sollten nur Tiere gekauft werden, die mit einer deutschen CITES-Bescheinigung ausgestattet sind, weil häufig auch für die Tiere mit CITES zusätzlich, zum Beispiel durch die Bundesartenschutzverordnung, Importverbote bestehen. Dies gilt für *Geochelone yniphora*, *Testudo graeca*, *Testudo hermanni*, *Testudo horsfieldii* und *Testudo marginata* und kann zum Beispiel bedeuten, daß bei Nichtbeachten der Vorschriften legale Nachzuchten aus anderen EG-Staaten durch den nicht genehmigten Import illegal würden.

Die CITES-Bescheinigung ist gleichbedeutend mit einem Personalausweis für geschützte Tiere. Seit dem 01.01.1984 ist sie in der Bundesrepublik Formvorschrift, und jeder verantwortungsbewußte Terrarianer sollte sich deshalb nur Tiere mit den erforderlichen Papieren zulegen. Jede Landschildkröte muß bei der zuständigen Behörde durch Vorlegen der CITES angemeldet werden. Außerdem sind alle Nachzuchten und der Tod der Tiere innerhalb von vier Wochen dort anzuzeigen.

Als weiteres Artenschutzgesetz ist noch die Bundesartenschutzverordnung, kurz BArtSchV, für die Landschildkrötenpflege von Bedeutung. Sie stellt einen zusätzlichen Schutz für bedrohte Arten dar und soll demnächst durch eine EG-Verordnung ersetzt werden. Auch sie ist wieder in verschiedene Anhänge aufgeteilt.

Um sich in dem Dschungel der Vorschriften zurechtzufinden, kann jedem interessierten Leser der Kauf des vom BNA (Bundesverband für fachgerechten Natur- und Artenschutz) herausgegebenen Buches „Das neue Artenschutzrecht – Gesetze – Verordnungen – Kommentare" empfohlen werden (zu beziehen bei der BNA-Geschäftsstelle, Postfach 1110 in Hambrücken).

Eine der zahllosen geplanten Neuerungen sind die „Mindestanforderungen an die Haltung von Reptilien". Hier sollen verschiedene Bedingungen festgelegt werden, unter denen Landschildkröten gepflegt werden dürfen. Wichtige Gesichtspunkte dabei sind die Klimafixierung und die Terrariengröße. Letztere sollte für alle Arten etwa das sechsfache der Panzerlänge als Terrarienlänge und die zweifache Panzerlänge als Terrarienbreite aufweisen. Einzige Ausnahme ist *Malacochersus tornieri*, deren Terrarien mindestens die dreifache mal zweifache Panzerlänge aufweisen müssen. Diese Werte gelten für ein bis zwei Schildkröten. Für die dritte und vierte muß die Fläche um 10% vergrößert werden und ab der fünften um 20%. In Zukunft werden die Sachbearbeiter der Umweltbehörden folglich einen Zollstock und ein Thermometer bei ihren Besuchen mitführen.

Was im einzelnen nun wirklich auf uns zukommt, bleibt abzuwarten. Es kann aber jedem ernsthaften Liebhaber nur empfohlen werden, Mitglied in der Deutschen Gesellschaft für Herpetologie und Terrarienkunde (DGHT-Geschäftsstelle, Postfach 1421 in 53351 Rheinbach) und im BNA zu werden, um über die Vereine Einfluß auf die Gesetzgebung zu nehmen. Nur starke Verbände finden Gehör.

IV. Artenbeschreibungen

Im anschließenden Teil der Artenbeschreibungen haben wir ausschließlich die neueste Systematik nach IVERSON „A Revised Checklist with Distribution Maps of the Turtles of the World" (1992), verwendet. Der Autor unterteilt die Familie Testudinidae in 11 Gattungen mit 40 Arten. Ferner erkennt er bei 10 Arten noch insgesamt 40 Unterarten an.

Vor den Artenbeschreibungen werden die einzelnen Gattungen kurz charakterisiert, danach die zugehörigen Arten in alphabetischer Reihenfolge vorgestellt.

Chersina GRAY, 1831

Bei der Gattung *Chersina* handelt es sich um eine monotypische Gattung, deren einzige Art aus dem südlichen Afrika stammt.

Chersina angulata SCHWEIGER, 1812
Afrikanische Schnabelbrustschildkröte

Verbreitung: Das Verbreitungsgebiet von *Chersina angulata* liegt im Namaqualand und in der Kapprovinz von Südafrika. Aufgrund ihrer weiten Verbreitung und ihrer Bekanntheit zählt sie bislang zu der am besten erforschten Landschildkrötenart Südafrikas.

Lebensraum: Diese Art bewohnt ein weites Gebiet mit unterschiedlichen Habitaten. Sandige, saure und nährstoffarme Böden, die gelegentlich mit niedrigen Sträuchern, Gräsern, Sukkulenten und Erika-Gewächsen bewachsen sind, kennzeichnen oft diesen Lebensraum. *Chersina angulata* findet man besonders häufig in den ariden Gras- und Buschebenen des Küstenlandes und der Hochplateaus.

Die meisten Biotope weisen einen sehr heißen und trockenen Sommer sowie einen regenreichen und kühlen Winter auf.

Größe: Es handelt sich um eine mittelgroße Landschildkrötenart, bei der die Tiere aus den westlichen Verbreitungsgebieten in der Regel größer werden als die aus den östlichen. Die Männchen können eine Carapaxlänge von 22,5–

Chersina angulata

Lebensraum von *Chersina angulata* und *Homopus areolatus*. Foto: U. Koschnitzke

28,5 cm, die Weibchen von 18,5–22,5 cm erreichen. Das größte bisher gefundene Exemplar (Geschlecht unbekannt) stammte aus der südlichen Kapprovinz und wies eine Gesamtlänge von 30 cm auf. Bei einer Carapaxlänge von 22–24 cm können die Afrikanischen Schnabelbrustschildkröten ein Gewicht von etwa 1,5 kg erreichen.

Kennzeichen: Die Afrikanische Schnabelbrustschildkröte besitzt einen langgestreckten Rückenpanzer, dessen vordere Randschilder stark nach vorn über den Hals gezogen sind. Das unpaarige Kehlschild des Plastrons ist zwar länger als breit, aber nicht aufgebogen wie bei den Madagassischen Schnabelbrustschildkröten (*Geochelone yniphora*).

Die Grundfarbe des Carapax ist meist ein dunkles Olivgrün bis Beige. Die Wirbel und Rückenschilder sind dunkel umrandet und haben ein helles Zentrum, in dem sich in der Regel ein kleiner dunkler Fleck befindet. Jedes Rand-

Chersina angulata

Ein dunkel gefärbtes Exemplar von *Chersina angulata*. Foto: W. Schmidt

schild besteht aus einem dunklen und einem hell gefärbten Dreieck. Gewöhnlich ist der Bauchpanzer einfarbig gelblich mit einem dunkelbraunen Zentrum. Es gibt jedoch gelegentlich Exemplare, deren Plastron größtenteils dunkelgrau bis schwarz gefärbt ist. Der Kopf ist dunkel mit gelber Zeichnung. Die Beine sind an den Innenseiten gelblich und an den Außenseiten dunkel gefärbt. Die Vorderbeine besitzen jeweils 5, die Hinterbeine 4 Zehen.

Biologie, Haltung und Zucht: Über im Terrarium gepflegte Tiere ist bisher nur wenig bekannt. Die folgenden Daten stammen daher fast ausschließlich von Freilandbeobachtungen. Es ist sehr wahrscheinlich, daß feine, aber wichtige Unterschiede zwischen den einzelnen Populationen in den verschiedenen Verbreitungsgebieten bestehen. Paarungen finden das ganze Jahr hindurch statt, erfolgen jedoch, abhängig von der gerade vorherrschenden Temperatur, verstärkt im September und April.

Die Weibchen legen in Intervallen von 1–6 Monaten jeweils ein Ei (ganz selten zwei). Es werden 6–7 Gelege pro Jahr meistens nach Regenschauern abgelegt, da der Boden dann aufgeweicht ist und ein leichtes Vergraben ermöglicht. Die Inkubationszeit liegt, abhängig von Temperatur und Jahreszeit, zwischen 94 und 198 Tagen.

Das Wachstum der Jungtiere ist, soweit bekannt, relativ langsam, so daß in freier Wildbahn die Geschlechtsreife erst mit 10–12 Jahren erlangt wird. Im Terrarium dagegen können die Tiere schon mit 7 Jahren geschlechtsreif sein.

Man nimmt an, daß *Chersina angulata* ein Höchstalter von ca. 30 Jahren erreicht. Ausgiebige Untersuchungen und Beobachtungen legen die Wahrscheinlichkeit nahe, daß sie über einen Mechanismus verfügen, durch den sie ihre Körpertemperatur beeinflussen können (CRAIG 1974).

Futter: In freier Natur bilden Gräser, einjährige Pflanzen und die Blätter verschiedener Büsche die Hauptnahrungsquelle. Im Terrarium fressen die Schildkröten verschiedene Wildkräuter, die unterschiedlichsten Obst- und Gemüsesorten sowie Hunde- und Katzenfutter.

Geochelone
FITZINGER, 1835

Mit 11 verschiedenen Arten stellt *Geochelone* die artenreichste Gattung der Familie der Landschildkröten (*Testudinidae*) dar.

Man findet die einzelnen Arten auf den Galápagos-Inseln, in Südamerika, in Afrika von der Sahara bis nach Südafrika, auf Madagaskar, dem Aldabra-Atoll (Seychellen) und in Südostasien. Zu dieser Gattung gehören vorwiegend große Landschildkrötenarten, so auch die letzten Riesenschildkrötenarten. Nach OBST (mündl.Mitt.) ist die Gattung *Geochelone* in diesem Sinne unhaltbar, fast so wie „*Testudo*" im Sinne der alten Systematik.

Geochelone carbonaria LOVERIDGE & WILLIAMS, 1957
Untergattung *Chelonoidis* (Synonym: *Chelonoidis carbonaria*)
Köhlerschildkröte/Rotfuß-Schildkröte

Verbreitung: Das tropische Südamerika östlich der Anden ist das natürliche Verbreitungsgebiet von *Geochelone carbonaria*. Die Köhlerschildkröte ist in Südpanama, Kolumbien, Venezuela, Britisch-Guyana, Surinam, Französisch-Guyana, Brasilien, Bolivien, Paraguay und Nordargentinien zu finden. Im Amazonas-Becken selbst lebt sie nur in den östlichen Gebieten. Während die Art auf Trinidad vermutlich ursprünglich vorkommt, wurden die auf den anderen Karibikinseln existierenden Populationen nur eingeschleppt.

Lebensraum: Die Tiere bevorzugen feuchte Gras- und Savannenlandschaften sowie Trockenwaldregionen. In einigen Gebieten wurden auch vereinzelt Exemplare im angrenzenden offeneren Regenwald beobachtet. Wo diese Art gemeisam mit *Geochelone denticulata* vorkommt, besiedelt *Geochelone carbonaria* immer nur die offenen Gebiete, während die Waldschildkröte die Wälder bewohnt.

Größe: Die Carapaxlänge beträgt maximal 51 cm, meist jedoch nur um 30 cm, wobei die Männchen immer etwas größer werden.

Kennzeichen: Der Rückenpanzer ist in der Höhe der Brücke bei adulten Exemplaren tailliert, was bei den Männchen besonders stark ausgeprägt ist. Die Grundfarbe des Carapax ist braun bis schwarz, und auf jedem Schild befindet sich ein gelber Fleck. Der Plastron ist schwarz und weist eine gelbliche bis rötliche Zeichnung auf. Die Grundfarbe der Extremitäten ist graubraun. Viele der Kopfschuppen sind gelb gefleckt. Einige der schildähnlichen Schuppen an den Vorder- und Hinterbeinen sind leuchtend rot. Aufgrund dieser Färbung hat sie unter anderem auch den Trivialnamen „Rotfuß-Schildkröte" erhalten.

Biologie, Haltung und Zucht: Köhlerschildkröten sollten aufgrund ihrer Lebhaftigkeit und Geselligkeit in größeren Gruppen (zum Beispiel 2 Männchen kombiniert mit 4 Weibchen) in entsprechend geräumigen Terrarien gehalten werden. Aufgrund der enormen Größe der Tiere eignen sich aber nur gemauerte Terrarien und umgestaltete Zimmer. Der Bodengrund sollte aus lockerem Substrat wie Lauberde, Torf, halb verrottetem Laub oder ähnlichem bestehen, da sich die Tiere tagsüber und nachts während ihrer Ruhephasen gerne eingraben. Ein großzügiges Flachwasserbecken darf nicht fehlen, weil die Weibchen bevorzugt vor und nach der Eiablage ausgiebig baden. Außerdem unterstützt ein solches Wasserbecken die erwünschte relative Luftfeuchtigkeit, die bei ca. 80% liegen sollte. Ein zweimal tägliches Übersprühen des gesamten Terrariums wird zusätzlich empfohlen. Die Haltungstemperatur (Raumtemperatur im Behälter) sollte tagsüber 26–28°C betragen und etwa 35°C unter einem Wärmestrahler aufweisen. Eine Nachtabsenkung auf etwa 23°C sollte nicht unterschritten werden.

Eiablagen erfolgen sowohl in ihrer natürlichen Umgebung als auch im Terrarium von Juni bis Januar. In dieser Zeit können pro Weibchen mehrere Gelege von jeweils 2–8 Eiern abgelegt werden. Pro Saison legt ein Weibchen insgesamt ca. 15 Eier.

Wie im allgemeinen Text beschrieben, müssen die Eier sofort vorsichtig aus dem Zimmerterrarium entnommen und zur Zeitigung in leicht feuchtem Perlite gebettet werden. Bei einer Bruttemperatur von 28–31°C liegt die Inkubationszeit zwischen 105 und 202 Tagen, meistens jedoch bei ca. 150 Tagen. Die Aufzucht der Jungtiere erfolgt in kleinen Gruppen in speziell für sie eingerichteten Terrarien. Untersuchungen von ZWARTENBORG (mündliche Mitteilung) zeigten, daß eine Höckerbildung während des Wachstums nur unterbleibt, wenn das Terrarium der Nachzuchten eine hohe Substrat- und eine hohe relative Luftfeuchtigkeit aufweist. Ferner sind Zugluft und starke Temperaturschwankungen unbedingt zu vermeiden. Für alle Tiere gilt, daß ein Freilandaufenthalt während ganz warmer Tage im Sommer die Vitalität fördert.

Futter: Die Ernährung darf nicht zu reichhaltig gewählt sein. So sollte das Futter überwiegend aus Grünpflanzen und Gemüse bestehen. Nur selten gibt man etwas Obst und nur einmal in der Woche ein wenig Rindfleisch. Gerne werden auch Fisch, Schnecken oder Regenwürmer gefressen.

Geochelone carbonaria, **die Köhler- oder Rotfuß-Schildkröte, stammt aus dem tropischen Südamerika.** Foto: W. Schmidt

Geochelone chilensis GRAY, 1870
Untergattung *Chelonoides* (Synonym: *Chelonoidis chilensis*)
Argentinische Landschildkröte

Verbreitung: Die Länder Paraguay, das angrenzende Bolivien sowie Nord- und Zentralargentinien sind die Heimat von *Geochelone chilensis*. Ein Vorkommen ist in Chile nicht bekannt, obwohl dies aufgrund ihres wissenschaftlichen Namens zu erwarten wäre. Bei der Erstbeschreibung 1870 hatte GRAY angenommen, daß das Typusexemplar aus Chile stamme und verlieh ihr somit ihren irreführenden Namen. Obwohl dieser Irrtum noch im selben Jahr aufgeklärt wurde (das Typusexemplar stammt aus Argentinien), ist es aufgrund der nomenklatorischen Gesetze nicht erlaubt, den Artnamen zu ändern. Der zuerst gegebene Name gilt unwiderruflich.

Der wissenschaftliche Name ist irreführend; stammt doch *Geochelone chilensis* nicht aus Chile, sondern aus Argentinien und Bolivien.

Foto: W. Häfeli

Geochelone chilensis

Nur kurz erwähnen wollen wir, daß in den südlichen Verbreitungsgebieten eine etwas abweichende Form vorkommt, die auch schon als eigene Unterart *Geochelone chilensis donosobarrosi* beschrieben wurde. Auffälligster Unterschied ist die Größe. Im Gegensatz zur normalen Variante erreicht sie eine Größe von 43 cm und lebt nicht in so trockenen Lebenräumen.

Lebensraum: *Geochelone chilensis* bewohnt von trockenen Buschlandschaften über offene Savannen und die Pampa recht unterschiedliche Lebensräume bis hin zu den laubabwerfenden Trockenwäldern. Die saisonbedingten Schwankungen bei Temperatur und Niederschlag in diesen Gebieten können beträchtlich sein.

Größe: Mit einer Carapaxlänge von ca. 20 cm zählt *Geochelone chilensis* zu den kleineren Landschildkrötenarten.

Kennzeichen: Die Form des Rückenpanzers ist sehr variabel, er kann sowohl flach als auch kugelig gewölbt sein. Die Schilder des Panzerhinterrandes sind leicht gesägt. Die Färbung des Carapax reicht von ockergelb bis lehmbraun, dabei sind bei einigen Exemplaren die Rückenschilder dunkel umrahmt. Der Kopf und die Extremitäten sind gewöhnlich hell ockerfarben. Exemplare aus trockenen und sandigen Gebieten sind heller gefärbt als solche, die aus feuchteren Regionen stammen. Besonders auffällig ist der hakenartige „Geierschnabel".

Bei dieser Art ist es relativ schwer, die Geschlechter zu unterscheiden. Die Männchen erkennt man an Ihrem Plastron, das nur bei ihnen eine ganz leicht konkave Einbuchtung aufweist. Auch sind ihre beiden vorderen Kehlschilder (Gularia) in der Regel etwas verdickt und leicht abgestumpft. Sie werden wie bei den nordamerikanischen *Gopherus*-Arten im Rivalitätskampf eingesetzt.

Biologie, Haltung und Zucht: Zur Pflege von *Geochelone chilensis* eignet sich ein großräumiges Steppenterrarium mit einer lokalen Wärmequelle bis 40°C. Der sandig-lehmige Bodengrund muß mindestens so tief sein, daß sich die Tiere darin gut eingraben können. Entlang der Umrandung sollte er etwas fester angedrückt werden, um den Tieren als Lauffläche zu dienen. Normalerweise vergraben sich die Landschildkröten nur nachts. In der Natur, aber auch im Terrarium verbergen sie sich bei kühleren Temperaturen ebenfalls im Boden. In den kälteren Monaten ihrer Heimat (Mai-September) graben sich die Tiere tiefer ein und erscheinen nur noch an den wärmeren Tagen. Diese Winterruhe kann man ihnen in unseren Breiten während des Sommers durch starke Temperatursenkung im Terrarium bieten. Wichtig für eine artgerechte Pflege sind die täglichen Temperaturschwankungen. So sollten die Grundtemperaturen am Tage etwa 25–28°C betragen und nachts auf unter 20°C abfallen.

Die Paarungszeit liegt im November und Dezember. In dieser Zeit führen die Männchen auch Turnierkämpfe ähnlich wie die *Gopherus*-Schildkröten aus. Dabei versuchen sie sich gegenseitig

mit Hilfe der vorderen Kehlschilder auf den Rücken zu hebeln.
In der Regel legen die Weibchen 2–3 Gelege von Januar bis März. Jedes Gelege kann aus 2–3 Eiern bestehen. Die Inkubationszeit beträgt 14–15 Monate. Im Terrarium nachgezogen wurde *Geochelone chilensis* bisher in Chile (ROTTMANN 1969) und in der Cordoba-Provinz von Argentinien unter nahezu natürlichen Bedingungen.

Futter: Gerne angenommen werden Gemüsesorten, Opuntienpflanzen und deren Früchte, Gräser, verschiedene Wildkräuter sowie Obst. Gelegentlich fressen die Schildkröten auch Heu.

Geochelone denticulata LINNAEUS, 1766
Untergattung *Chelonoides* (Synonym: *Chelonoidis denticulata*)
Waldschildkröte

Verbreitung: Die Art besitzt ein riesiges Verbreitungsgebiet im nördlichen Südamerika. Es erstreckt sich von Nord- und Westbrasilien über Nordostbolivien, Ecuador und Peru bis nach Französisch-Guyana, Surinam, Britisch-Guyana, Venezuela und Südkolumbien. Die auf Trinidad vorkommende Population ist mit Sicherheit natürlichen Ursprungs im Gegensatz zu der auf Guadeloupe lebenden, von der man annimmt, daß die Tiere aus Französisch-Guyana eingeführt worden sind.

Lebensraum: Die Waldschildkröte bewohnt sumpfige Böden des tropischen und subtropischen Regenwaldes. Offene Landschaften werden gemieden.

Größe: Die Carapaxlänge liegt durchschnittlich bei 40 cm, einzelne Exemplare erreichten Rekordgrößen bis zu 70 cm. Ein Tier mit einer Gesamtlänge von 38 cm wiegt bereits 7 kg.

Kennzeichen: Der Rückenpanzer ist schwach gewölbt und relativ schmal. Die Grundfarbe des Carapax ist dunkelbraun, die Zentren der Wirbel- und Seitenschilder sind gelb. Kopf und Extremitäten sind mit schindelartigen, gelb gefleckten Schuppen bedeckt. Die dunkel gefärbten Plastronschilder weisen ebenfalls große gelbe Flecken auf.

Biologie, Haltung und Zucht: Ihrem natürlichen Lebensraum entsprechend, sollte *Geochelone denticulata* in einem feuchten, sehr großen Terrarium bei Grundtemperaturen um 27°C gepflegt werden. Als Bodengrund wählt man ein Gemisch aus Sand, Torf und Lauberde. Die Mischung muß immer leicht feucht sein und sollte mit einer hohen Laubschicht abgedeckt werden. Direkte Sonnenbestrahlung oder starke Strahler werden von der Waldschildkröte gemieden. Das Terrarium – im Idealfall handelt es sich um ein umgebautes Zimmer – sollte daher mit einer Fußbodenheizung mäßig, insbesondere gleichmäßig erwärmt werden. Sie wird daher im größten Teil des Bodens und, falls die erforderlichen Temperaturen

Geochelone denticulata

Geochelone denticulata wird bis zu 70 cm groß. Foto: W. Schmidt

so nicht erreicht werden, auch in den Wänden verlegt. Wichtig ist, daß nicht zu hohe Oberflächentemperaturen entstehen. Ein positiver Nebeneffekt der Fußbodenheizung ist die hohe relative Luftfeuchtigkeit im Terrarium, die für die Pflege dieser Art unerläßlich ist. Eine großzügige, beheizte Flachwasserschale wird von den Tieren gerne angenommen.

Aus Freilandbeobachtungen weiß man, daß *Geochelone denticulata* in den Monaten Januar und Februar ihre Eier legt. Die Gelege von durchschnittlich 4-5 Eiern werden hauptsächlich in flachen Mulden verscharrt oder gelegentlich direkt auf dem Waldboden im Laub abgelegt. Die Inkubationszeit liegt zwischen 125 und 150 Tagen.

Obwohl die enorme Zerstörung der Regenwälder schon einzelne Populationen vernichtet hat, ist die Art in ihrer Gesamtheit aufgrund ihrer weiten Verbreitung bisher noch nicht bedroht.

Futter: Die Waldschildkröte ernährt sich hauptsächlich vegetarisch, von Gemüse, Gräsern, Wildkräutern und Obst. Nebenbei werden auch Schnekken, Würmer usw. gefressen.

Geochelone elegans SCHOEPFF, 1794
Indische Sternschildkröte

Verbreitung: *Geochelone elegans* kommt in Indien, Pakistan und auf Sri-Lanka vor. Innerhalb dieses riesigen Verbreitungsgebietes sind jedoch schon zahlreiche Populationen erloschen. In

Auch *Geochelone elegans* sollte an warmen Tagen ein Aufenthalt im Freilandterrarium geboten werden. Foto: K. Liebel

Indien ist sie die am weitesten verbreitete und bekannteste Landschildkrötenart.
Lebensraum: Man findet die Indische Sternschildkröte in den verschiedensten Habitaten der Hügel- und Flachlandregionen. Sie bewohnt sowohl feuchte Waldgebiete als auch trockenere Busch- und Graslandschaften. In Indien lebt *Geochelone elegans* hauptsächlich in den von Menschen geschaffenen Landschaften, wie Brachland und Plantagen oder in der durch Rodungen entstandenen lichten Sekundärvegetation.

In der Zeit des Monsunregens sind die Tiere am aktivsten. Dann suchen sie während des ganzen Tages nach Futter und paaren sich. In der heißen Jahreszeit erscheinen sie nur morgens und am späten Nachmittag, den Rest des Tages verstecken sie sich im Strauchwerk und unter Grasbüschen.

Größe: Die Weibchen werden mit 26–32 cm etwas größer als die Männchen, die durchschnittlich eine Carapaxlänge von ca. 23 cm erreichen. Das größte je gefundene Tier war ein Weibchen, maß 38 cm und wog 7 kg.

Kennzeichen: Der Rückenpanzer ist hochgewölbt, und die Wirbel- und Rückenschilder stehen bei den Männchen mehr, bei den Weibchen weniger höckerartig hervor. Das über dem Schwanz liegende Schild ist bei den Männchen stark abwärts eingebogen. Grundfarbe und Zeichnung ähneln der von *Geochelone radiata*. Auf dem schwarzen Untergrund der Carapaxschilder verläuft eine gelbe strahlenförmige Zeichnung, von einem gelben Zentrum ausgehend.

Auf den Randschildern befinden sich ebenfalls gelbe Strahlen, nur fehlen hier die gelben Zentren. Die helle Grundfarbe des Plastrons ist mit einer dunklen Strahlenzeichnung versehen. Kopf und Gliedmaßen sind meist einfarbig gelb bis gelbbraun.

Biologie, Haltung und Zucht: Die Haltung von *Geochelone elegans* ist nicht ganz unproblematisch, da man häufig nicht genau weiß, woher die Tiere stammen und die Art innerhalb eines riesigen Verbreitungsgebietes die unterschiedlichsten Lebensräume bewohnt. So können die Tiere in ihrer Heimat zum Beispiel sehr starken Klimaschwankungen ausgesetzt sein, die je nach Herkunftsort jedoch wieder sehr unterschiedlich sind. Wie bereits erwähnt, zeigen die Tiere in der Natur während des Monsunregens (Juni-Oktober) ihre Hauptaktivitätsphase. Die dann dort vorherrschenden extremen klimatischen Bedingungen kann man im Terrarium nur begrenzt simulieren, am ehesten, indem man die gesamte Einrichtung und die Tiere zwei- bis dreimal täglich kräftig übersprüht. Auch wurde des öfteren beobachtet, daß die Schildkröten gerne baden. Eine flache Wasserschale sollte ihnen deshalb ständig zur Verfügung stehen. Werden die Tiere bei zu geringer relativer Luftfeuchtigkeit gepflegt, so kann es zu einer Nasenschleimhautentzündung kommen, die oft schnell als Schnupfen fehldiagnostiziert wird.

Die Art kann in einer kleinen Gruppe (ein Männchen und zwei Weibchen) im beheizten Zimmerterrarium gepflegt werden. Das Terrarium muß so groß gewählt sein, daß eine Warmzone (mit Bodentemperaturen von 30–35°C) und eine Kaltzone (mit Bodentemperaturen nicht unter 20°C) entstehen. Als Bodengrund eignet sich ein grob strukturiertes Substrat, das nicht zur Verdichtung neigt. Eine Erde mit Tonanteil, gemischt mit grobkörnigem Sand, ist hier zu empfehlen. Die Temperaturen sollten tagsüber lokal durch einen Wärmestrahler auf 40°C angehoben werden. Insgesamt darf die Lufttemperatur tagsüber nicht auf unter 25°C und nachts nicht auf unter 17°C sinken. Eine Freilandhaltung während der warmen Sommertage, etwa von Juni bis September, ist unbedingt anzuraten, wenn die Tagestemperaturen entsprechend sind. Jedoch muß das Gehege genügend Sonnenplätze sowie Schattenplätze durch eine ausreichende Bepflanzung bieten. Auch darf niemals eine flache Wasserschale fehlen. Nur bei kühlem Regen oder wenn die Minimaltemperaturen auf unter 12°C sinken, sind die Schildkröten wieder in ihr Zimmerterrarium zu setzen.

Während sich in der Natur die Paarungszeit ausschließlich auf die Regenzeit begrenzt, weiß man von in Terrarien gehaltenen Tieren, daß die Männchen das ganze Jahr über paarungswillig sind. Die Daten über den Zeitraum der Eiablage variieren sehr stark je nach Verbreitungsgebiet und beziehen sich meistens auf Beobachtungen von im Terrarium gepflegten Tieren. Folgende Monate wurden festgehalten:

In Gujarat im Oktober und November (FRAZIER 1987);
in Bombay am 24. Februar (KEHIMKAR 1981);
auf Sri-Lanka zwischen Juni und Oktober (DERANIYAGALA 1939);
in Orissa im Januar, März, April, Oktober und Dezember (BISWAS & ACHARJYO 1984; JAYAKAR & SPURWAY 1966).

Die zwei bis drei Gelege pro Jahr bestehen meist aus drei bis sechs Eiern. Auch im Terrarium wird die Fortpflanzungsbereitschaft der Weibchen wahrscheinlich durch Klimaschwankungen ausgelöst. Hierfür senkt man für etwa drei bis fünf Wochen die Temperaturen und mindert die Feuchtigkeit. Nach dieser Phase wird das Terrarium bei erhöhten Temperaturen mehrmals täglich kräftig überbraust. Die Kopulation erfolgt häufig ohne vorherige Balz. Dabei reitet das Männchen einfach von hinten auf das Weibchen auf. Sobald man am Verhalten des Weibchens merkt, daß die Eiablage kurz bevorsteht, stellt man einen leicht zu erreichenden Eiablagebehälter in die Warmzone des Terrariums. Die Substrathöhe (leicht feuchter Sand) sollte mindestens 20 cm betragen. Hier hinein legt das Weibchen sein Gelege. Die hartschaligen, länglichrunden Eier müssen bei 90%iger relativer Luftfeuchtigkeit und Temperaturen von 28–30°C gezeitigt werden.

Es wird von zwei sehr unterschiedlichen Inkubationszeiten berichtet, die jeweils in Indien beobachtet wurden. Man unterscheidet hier zwischen den „quick developers" (Inkubationszeit 47–54 Tage) und den „slow developers" (Inkubationszeit 111–178 Tage).

Geochelone gigantea

Beim Schlupf wiegen die Jungtiere etwa 20 g und weisen eine Carapaxlänge von 35 mm auf. Die Aufzucht ist recht schwierig und sollte nur in Zimmerterrarien erfolgen. Starke Temperaturschwankungen und Zugluft sind unbedingt zu vermeiden. Auch ist für eine abwechselungsreiche, ausgewogene und hochwertige Ernährung zu sorgen.

Futter: Die Indischen Sternschildkröten sind hauptsächlich Pflanzenfresser und nehmen nur ab und zu tierische Nahrung auf. Im Terrarium gehaltene Tiere fressen verschiedenes Grünfutter wie Gräser und Wildkräuter, Gemüse und Obst. Wie bei vielen anderen Schildkröten ist die Nahrungsauswahl auch bei diesen Tieren individuell unterschiedlich.

Nicht selten sind Schildkröten bei der Fütterung sehr wählerisch. Eine Vorliebe hat diese *Geochelone elegans* für frisches Obst entwickelt. Foto: K. Liebel

Geochelone gigantea (SCHWEIGGER, 1812)
Untergattung *Dipsochelys* (Synonym: *Aldabrachelys gigantea*)
Aldabra-Riesenschildkröte

Die Nomenklatur und die Systematik dieser Art sind sehr umstritten.

Verbreitung: Riesenschildkröten waren früher auf nahezu allen größeren westlichen Inseln des Indischen Ozeans weit verbreitet. Innerhalb der vergangenen zwei Jahrhunderte wurden alle Arten, mit Ausnahme der auf dem Aldabra-Atoll lebenden *Geochelone gigantea*, ausgerottet. Zum Verhängnis wurde den Riesenschildkröten ihre Eigenschaft, selbst unter den erbärmlichsten Bedingungen ohne Wasser und Nahrung noch eine relativ lange Zeit am Leben zu bleiben. So verwundert es auch nicht, daß sie zahllosen Seefahrern als gut haltbarer Proviant dienten. Diese nahmen die lebenden Tiere einfach an Bord und schlachteten sie später ganz nach Bedarf. Auf Mauritius entwickelte sich so ein ganz schwunghafter Handel. Nachdem sie die eigenen Bestände nahezu ausgerottet hatten, importierten die Händler Tiere von Rodriguez, um sie an vorbeifahrende Seefahrer zu verkaufen. Allein im Jahr

1759 wurden 30.000 Riesenschildkröten nach Mauritius gebracht.
Den Leidensweg der Riesenschildkröten auf den Inseln des Indischen Ozeans in Zahlen können Sie bei OBST (1985) nachlesen.
Einige Aldabra-Riesenschildkröten wurden nach Curieuse (Seychellen), Mauritius, Reunion, Sansibar (Prison Island), den Chagos-Inseln und Sri Lanka gebracht, wo sie teilweise kleine Populationen gebildet haben.
Lebensraum: Große Herden dieser Art leben noch in den offenen Graslandschaften und auf den sandigen Böden des Aldabra-Atolls, dessen Weite oftmals von Bäumen und Sträuchern unterbrochen ist. Einige Individuen findet man auch im Buschland oder in den Mangrovensümpfen. Die Gesamtzahl dieser Population wird auf über 100.000 Tiere geschätzt.
Größe: Die Größe der Tiere ist von der Populationsdichte abhängig. Die Männchen können eine Größe von 106 cm Carapaxlänge erreichen, die Weibchen hingegen „nur" 87 cm. Bei hoher

Geochelone gigantea, die **Aldabra-Riesenschildkröte.** Foto: K. Liebel

Populationsdichte stagniert das Wachstum bei Erreichen einer geringeren Körpergröße, und auch der Zeitpunkt der Geschlechtsreife ist verzögert.
Biologie, Haltung und Zucht: Im Zoo (Taronga-Zoo) von Sydney gelang 1976 die Welt-Erstnachzucht dieser Art. Die Riesenschildkröten wurden in einer riesigen, mit Gras bewachsenen Freilandanlage gepflegt, die aufgrund mehrerer Wasserlöcher eine hohe Bodenfeuchte besaß. Zusätzlich gilt das Klima in Sydney als sehr günstig für die Haltung der Aldabra-Riesenschildkröte.
In den ersten Jahren fanden lediglich Paarungsversuche ohne Erfolg statt. Die Weibchen legten unbefruchtete Eier verstreut auf dem Boden ab. Erstmals im April 1976 grub ein Weibchen ein ca. 25 cm tiefes Loch und legte 13 golfballgroße Eier. Im September begann dann nach einer Inkubationszeit von 162 Tagen (bei 28–30°C) der Schlupf der Schildkrötenbabys. Im Dezember des darauf folgenden Jahres schlüpfte ein Jungtier bereits nach einer Inkubationszeit von nur 110 Tagen.
Auf dem Aldabra-Atoll finden die Paarungen von Februar bis Mai statt. Die Eiablagen erfolgen dann in der Zeit von Juni bis September. Interessanterweise benötigen die Eier, die früher abgelegt werden, für ihre Entwicklung länger als solche, die später gelegt werden. Dieses Phänomen wird durch die in der späteren Jahreszeit herrschenden höheren Temperaturen verursacht. Inwieweit dieses Brutverhalten Auswirkung auf das Ausprägen des Geschlechts hat, ist nicht geklärt. Die natürliche Populationsstärke regeln die Schildkröten durch einen ganz einfachen Mechanismus. In Gruppen mit hoher Populationsdichte erfolgt nur alle 2–3 Jahre eine Eiablage, während Weibchen aus Gruppen mit niedriger Populationsdichte mehrere Gelege im Jahr hervorbringen.
Futter: Neben der Möglichkeit zu grasen wurden den Aldabra-Riesenschildkröten im Taronga-Zoo Obst und Gemüse (viel Möhren) sowie eine teigartige Substanz (Baseler Menschenaffenmischung), die aus Fleisch, wichtigen Mineralstoffen und Vitaminen gemischt wird, angeboten. Die Zoos, in denen bisher Riesenschildkröten aufgezogen wurden, warnen davor, bei den Jungtieren ein zu schnelles Wachstum durch Überfütterung zu verursachen, da dies zu schweren Deformationen des Panzers führen kann.

Geochelone nigra (QUOY & GAIMARD, 1824)
Untergattung *Chelonoides* (Synonym: *Chelonoidis elephantopus*)
Galápagos-Riesenschildkröte

Verbreitung: Die zwölf noch rezenten Unterarten sind folgendermaßen auf den Inseln des Galápagos-Archipels verteilt:

1. *Geochelone nigra abingdonii*
   – Abingdon (=Pinta)
   Von dieser Unterart lebt nur noch ein Männchen.
2. *Geochelone nigra becki*
   – Albemarle Island (=Isabela)
3. *Geochelone nigra chathamensis*
   – Chatham Island (=San Cristóbal)
4. *Geochelone nigra darwini*
   – James Island (=San Salvador)
5. *Geochelone nigra ephippium*
   – Charles Island (=Pinzón)
6. *Geochelone nigra guntheri*
   – Albemarle Island (=Isabela)
7. *Geochelone nigra hoodensis*
   – Hood Island (=Espanola)
8. *Geochelone nigra microphyes*
   – Albemarle Island (=Isabela)
9. *Geochelone nigra nigrita* (*Geochelone nigra perteri*)
   – Indifatigable Island (=Santa Cruz)
10. *Geochelone nigra phantastica*
    – Narborough Island (=Fernandina)
    Auch von dieser Unterart existiert nur noch ein einsames Männchen.
11. *Geochelone nigra vandenburghi*
    – Albemarle Island (=Isabela)
12. *Geochelone nigra vicina* (*Geochelone nigra elephantopus*)
    – Albemarle Island (=Isabela)

Lebensraum: Die Riesenschildkröten findet man, je nach Verbreitungsgebiet und Unterart, in sehr unterschiedlichen Lebensräumen. Sie bewohnen sowohl die trockenen und heißen Lavaböden der Küstenregion als auch die vulkanischen Hochländer, die zum Teil eine üppige tropische Vegetation mit riesigen Sumpfgebieten aufweisen.

Größe: Die größte bekannte Unterart erreicht eine maximale Gesamtlänge von ca. 105 cm und ein Gewicht von 250 kg.

Kennzeichen: Die bislang noch existierenden zwölf Unterarten unterscheiden sich stark in Größe, Panzerform, Gliedmaßenlänge und Färbung. Eine ausführliche Beschreibung der einzelnen Unterarten würde hier zu weit führen, nähere Angaben finden sich unter anderem bei OBST (1985), und ERNST & BARBOUR (1989).

Biologie, Haltung und Zucht: Seit dem 17. Jahrhundert sind die Galápagos-Riesenschildkröten direkt durch Walfänger, Piraten, Schildkröten- und Robbenjäger, indirekt durch die Verwilderung verschiedener Haustiere in ihrem Bestand stark dezimiert worden, einige Unterarten starben sogar aus. Besonders die Nahrungskonkurrenz von Ziegen und Eseln, aber auch die direkte Gefährdung durch die Eier und Jungtiere fressenden Schweine läßt Schlimmstes befürchten. Trotz teilweise erfolgreicher Bekämpfung der verwilderten Haustiere erwiesen sich die Vermehrung und Bestandvergrößerung in freier Wildbahn als sehr unbefriedigend.

Vor etwa 25 Jahren begann daher auf der „Charles Darwin Research Station" (Santa Cruz) ein modernes, erfolgreiches Schutzprogramm zur Haltung und Zucht der Galapagos-Riesenschildkröte im Terrarium. Bisher wurde diese Art in verschiedenen Zoos, wie zum Beispiel Zürich, Sydney, San Diego und Honululu nachgezogen.

Geochelone nigra

Galápagos-Riesenschildkröte.

Foto: H. Maass

Futter: Die Tiere ernähren sich von Blättern, Gras, Früchten, Beeren, Opuntien und ähnlicher pflanzlicher Kost.

Geochelone pardalis

Geochelone pardalis (BELL, 1828)
Pantherschildkröte

Oben: Biotop Fotos: W. Schmidt
Unten: Ausgewachsene Pantherschildkröte.
Rechts: Jungtier Foto: H.A. Zwartepoorte

Verbreitung: Die Art bewohnt das mittlere und südliche Afrika. Während sich die Verbreitung der Nominatform *Geochelone pardalis pardalis* (BELL, 1828) auf Südwestafrika und das Kapland beschränkt, erstreckt sich die Heimat von *Geochelone pardalis babcocki* LOVERIDGE (1935) vom Südsudan und von Südäthiopien über Südostafrika, Südnamibia bis zur nördlichen Kapprovinz. Jedoch bezweifeln einige Autoren den Unterartenstatus dieser beiden Formen.

Lebensraum: Den Lebensraum bilden trockene, sandige Halbwüsten- sowie Busch- und Savannenlandschaften. Während der besonders heißen und trockenen Monate können die Schildkröten, vergraben im Erdreich, eine Sommerruhe einlegen.

Größe: Die maximale Carapaxlänge beträgt 68 cm.

Kennzeichen: Der Rückenpanzer von *Geochelone pardalis* ist immer länger als breit und der Hinterrand ist stärker als der Vorderrand gesägt. Die beiden Unterarten kann man im adulten Stadium anhand ihrer Panzerlänge unterscheiden. Der Carapax der Nominatform ist über zweieinhalbmal so lang wie seine Höhe und zudem in der Mitte abgeflacht. Bei *Geochelone pardalis babcocki* ist der Rückenpanzer nur gering länger als das Zweifache der Panzerhöhe und in der Mitte gleichmäßig gewölbt. Die Färbung des Carapax ist gelblich und mit unregelmäßigen, dunkelbraunen bis schwarzen Flecken versehen. Der Plastron kann einfarbig gelb sein oder auch eine strahlenartig dunkle Zeichnung aufweisen. Kopf und Beine sind gelblich bis olivbraun. Die Vorderbeine sind mit dachziegelartig angeordneten, festen Schuppen besetzt.

Im Jungtierstadium hat der Carapax eine halbkugelige Form. Auch ist die Färbung insgesamt heller, die Zeichnung klarer und deutlicher. Die beiden Unterarten lassen sich auch im Jungtierstadium aufgrund der Zeichnung der Wirbelschilder unterscheiden. *Geochelone pardalis pardalis* hat auf jedem Schild zwei dunkle Flecken, *Geochelone pardalis babcocki* nur einen dunklen Fleck.

Die Männchen besitzen einen konkaven Plastron und sind außerdem durch ihren wesentlich dickeren und längeren Schwanz von den Weibchen gut zu unterscheiden.

Biologie, Haltung und Zucht: Die Pantherschildkröten sollten nur in großen Anlagen gepflegt werden, da sie sehr aktiv sind und gerne umherwandern. Im Sommer, wenn die Temperaturen am Tage weit über 20°C betragen und nachts nicht auf unter 10°C abfallen, können die Tiere in sehr großen Freilandanlagen im Garten gepflegt werden. Da besonders nach kühlen Nächten ein morgendliches Aufwärmen notwendig ist, kann man den Landschildkröten eine Art Winterbeet, welches von großen, wasserdichten Strahlern erwärmt wird, für das tägliche morgendliche Sonnenbad und zum Erwärmen an bewölkten Tagen zur Verfügung stellen. Die Tiere sind sehr streßempfindlich, weshalb ein häufiges Umsetzen vermieden werden sollte.

Die übrige Zeit wird *Geochelone pardalis* in einem geräumigen Zimmerterrarium gepflegt, das für ein Paar etwa eine Grundfläche von fünf Quadratmetern haben sollte. Entsprechend den Temperaturen ihrer natürlichen Umgebung ist es erforderlich, tagsüber mindestens eine Grundtemperatur um 22–30°C zu erreichen. Lokale Wärmequellen (Strahler), die den Boden im Strahlungsbereich bis auf 40°C erwärmen, dürfen nicht fehlen. Als Bodensubstrat eignet sich am besten grober Sand, eventuell mit etwas Lehm gemischt, und zur Dekoration nimmt man einige größere Steine. Eine Schale mit frischem Wasser zählt ebenso zur Einrichtung. Trotz dieser Trinkgelegenheit decken die *Geochelone pardalis* ihren Wasserbedarf fast ausschließlich vom Boden, insbesondere nach warmen Regenfällen und nach dem Überbrausen des Geheges.

Eine Ruhephase, welche die Tiere von sich aus antreten (eingeschränkte Nahrungsaufnahme), sollte bei der Haltung immer berücksichtigt werden. In dieser Zeit kann man die Temperatur auf 15–18°C absenken und die Lichtintensität vermindern. In der Regel sollte diese Ruhephase etwa vier Wochen dauern. In der Natur legen die Weibchen meist in den Monaten September und Oktober ihre Eier in selbstgegrabene, ca. 20–30 cm tiefe Gruben ab. Die Gelege können aus 5–30 Eiern bestehen.

Was bei der Pflege im Terrarium das Fortpflanzungsverhalten auslöst, läßt sich nur vermuten. So kann man meist die ersten Paarungen an sehr heißen Tagen beobachten. Trächtige Weibchen dürfen nicht mehr umgesetzt werden, da die Streßempfindlichkeit sonst zu einer Legenot führen kann. Nach einer mehrmonatigen Trächtigkeit hebt das Weibchen eine Grube aus, in die es ihr Gelege legt. Die Eier müssen sofort aus dem Terrarium entnommen werden. Die Zeitigung erfolgt in einem Inkubator bei Temperaturen von 28–30°C und einer relativen Luftfeuchtigkeit von 65–70%. Als Zeitigungssubstrat kann wieder Perlite usw. verwendet werden. Unter diesen Bedingungen schlüpfen die kleinen Nachzuchten nach ca. 250 Tagen (ZAHNER 1992). Bei anderen Autoren finden sich abweichende Angaben, was wahrscheinlich auf unterschiedliche Brutbedingungen (z.B. Feuchtigkeit) zurückzuführen ist. Sie geben an, daß die Jungtiere bei einer Zeitigungstemperatur von 24–30°C nach 132–230 Tagen schlüpfen. In der Natur konnten extreme Inkubationszeiten von bis zu 540 Tagen beobachtet werden. Die Aufzucht der Jungtiere ist recht problemlos.

Futter: In ihrem natürlichen Habitat ernähren sich die Schildkröten von Gräsern, Sukkulenten, Opuntien, Disteln, Kürbissen, Melonen und Bohnen. Knochen, trockener Kot und Gewölle werden ebenfalls verzehrt. Im Terrarium nehmen sie fast alles an Grünfutter und süßem Obst an. Neben Wildkräutern und den verschiedenen Gräsern kann man ihnen auch Salate, Tomaten, Gurke, Zucchini und Paprika anbieten.

Geochelone platynota BLYTH, 1863
Burma-Sternschildkröte

Verbreitung: Die bisher bekannten Fundorte liegen ausschließlich im Süden von Burma.
Lebensraum: Über den Lebensraum dieser kaum bekannten Schildkröte weiß man nur sehr wenig. Aus dem 19. Jahrhundert sind Funde aus der Hügellandschaft von Akyab bekannt. Auch berichtet man aus dieser Zeit, daß sowohl *Geochelone platynota* als auch *Indotestudo elongata* bei Brandrodungen von Graslandschaften und Wäldern aufgefunden wurden. Es ist aber nicht geklärt worden, ob beide jeden oder nur einen dieser Habitate bewohnen.
Größe: Mit einer Carapaxlänge von ca. 28 cm zählt *Geochelone platynota* zu den mittelgroßen Arten.

Kennzeichen: Die Burma-Sternschildkröte unterscheidet sich von der Indischen Sternschildkröte (*Geochelone elegans*) durch das auf dem Kopf befindliche, stark ausgeprägte vordere und hintere Stirnschild und den flacheren, aber breiteren Rückenpanzer. Außerdem befinden sich weniger Strahlen auf den einzelnen Carapaxschildern (meistens sechs oder weniger). Der Bauchpanzer hat, von gelegentlich auftretenden dunklen Flecken abgesehen, keine Zeichnung.
Biologie, Haltung und Zucht: Es gibt bislang kaum Informationen über diese Art. Die Eiablagen wurden in ihrem natürlichen Lebensraum im Februar beobachtet. Die Eier maßen 55x38 mm.

Geochelone radiata (SHAW, 1802)
Untergattung *Astrochelys* (Synonym: *Astrochelys radiata*)
Madagassische Strahlenschildkröte

Verbreitung: *Geochelone radiata* bewohnt nur den zentralen Süden und den Südwesten Madagaskars. Ihr Verbreitungsgebiet erstreckt sich von Taolanaro (Fort Dauphin) bis Toliara (Tulear). Die Regierung Madagaskars verbietet zwar den Fang von *Geochelone radiata*, jedoch gelten die Tiere als Delikatesse und sind somit in einigen Gebieten in ihrem Bestand stark dezimiert worden.

Lebensraum: Der Lebensraum der Madagassischen Strahlenschildkröte ist gekennzeichnet durch die Dornbuschvegetation, hauptsächlich bestehend aus Pflanzen der endemischen Familie der Didiereaceen und anderen verschiedenen sukkulenten Pflanzenarten. Innerhalb dieser Dornenwälder bevorzugen die Tiere Gebiete mit niedrigem Buschwerk und Grasbewuchs. Das Klima ist extrem trocken und tro-

Geochelone radiata

Geochelone radiata bewohnt das südliche Madagaskar. Foto: K. Liebel

pisch heiß. In einzelnen Regionen regnet es oft 12–18 Monate lang nicht, bis irgendwann ein Gewitterregen so viel Niederschlag bringt, daß innerhalb kurzer Zeit ganze Gebiete für einige Stunden unter Wasser stehen. Manchmal ist dies die gesamte Niederschlagsmenge für ein Jahr.

Größe: Die Carapaxlänge liegt bei 40 cm.

Kennzeichen: Die Grundfarbe des stark gewölbten Rückenpanzers ist dunkelbraun bis schwarz. Auf den Wirbel-, Rippen- und Randschildern befindet sich eine gelbe Strahlenzeichnung, ausgehend von einem gelben Zentrum.

Gelegentlich sieht man, hauptsächlich bei im Terrarium aufgezogenen Tieren, eine starke Höckerbildung. Es ist nicht auszuschließen, daß es sich hierbei um eine Ernährungsstörung handelt.

Der Bauchpanzer ist ebenfalls gelb-schwarz gezeichnet. Bei sehr alten Tieren ist die strahlenförmig kontrastreiche Zeichnung nicht mehr so ausgeprägt. Auch bei frisch geschlüpften Tieren fehlt diese Zeichnung. Babys von *Geochelone radiata* haben auf jedem Carapaxschild einen gelblich weißen Fleck, das Strahlenmuster bildet sich erst später.

Biologie, Haltung und Zucht: Die strengen Ausfuhrbestimmungen Madagaskars unterbinden den Handel mit *Geochelone radiata*. Grundsätzlich sind die Tiere jedoch weder empfindlich noch schwer zu pflegen. In verschiedenen Fällen ist auch schon die Nachzucht geglückt.

Eine großzügige Anlage mit trockenem Bodengrund (Sand-Lehm-Gemisch) und Temperaturen, die tagsüber auf 25–30°C ansteigen, sind Grundvoraussetzung für die Haltung von *Geochelone radiata*. Zusätzlich sollte immer ein Strahler, unter dem sich die Landschildkröten morgens aufwärmen können, vorhanden sein. Im Sommer sollte den Tieren die Möglichkeit eines Freilandaufenthaltes geboten werden. Sie sind relativ unempfindlich gegenüber niedrigen nächtlichen Temperaturen, wenn sie die Möglichkeit haben, sich tagsüber wieder aufzuheizen, um ihre Wärme zu speichern (mündliche Mitteilung WICKER).

Von Juli bis September legen die Weibchen in der Natur zwischen 3 und 12 Eier in eine 15–20 cm tiefe selbstgegrabene Mulde. Bei im Terrarium erfolgten Eiablagen lag die Inkubationszeit, abhängig von der Zeitigungstemperatur (24–32°C), zwischen 145 und 230 Tagen. Die Aufzucht der Jungtiere erwies sich als nicht einfach. So reagieren die Nachzuchten sehr empfindlich auf kühle Temperaturen. Neuerdings wird diese Art in der Schweiz regelmäßig nachgezogen. Ebenso auf La Reunion, von wo aus die Nachzuchten in den französischen Tierhandel gelangen.

Futter: In ihrem natürlichen Lebensraum ernährt sich *Geochelone radiata* von den weicheren Teilen (hauptsächlich Blätter) bestimmter Pflanzenarten. Auch konnte man beobachten, daß durch Regen aufgeweichtes herabgefallenes Laub, Kot der dort lebenden Buschschweine (*Potamochrerus carvatus*) und trockener Kuhmist verzehrt wurden.

Im Terrarium gehaltene Tiere fressen die verschiedensten Sorten an Grünfutter, Kräutern und Gräsern. Einiges an Obst wird zwar angenommen, sollte aber nur in geringen Mengen verfüttert werden. Im Berenty-Park, einer privaten Zuchtstation auf Madagaskar, wird *Geochelone radiata* fast ausschließlich mit einer bestimmten Art dornloser Opuntien ernährt. Dies hat sich jedoch nicht als optimal erwiesen.

Wichtig ist, daß den Tieren Wasser nur in geringen Maßen geboten wird, ca. einmal pro Woche (mündliche Mitteilung WICKER).

Geochelone sulcata (MILLER, 1779)
Spornschildkröte

Verbreitung: Die Art bewohnt die Sahelzone von Südmauretanien und Nordsenegal ostwärts bis zum nördlichen Äthiopien.

Lebensraum: Den Lebensraum bilden die extrem trockenen und heißen Gebiete der Sahelzone, bestehend aus Savannen mit Akazienwäldern, laubabwerfendem Buschland, aber auch Steppen und Halbwüsten. Die kurze Regenzeit in den Sommermonaten kann ab und zu über mehrere Jahre ausfallen. Während der extrem heißen Trockenzeit (tagsüber bis 40°C und nachts nicht unter 15°C, je nach Jahreszeit und Fundort) verbringen die Tiere in bis zu 3 m tiefen selbstgegrabenen Höhlen eine Art Sommerruhe.

Größe: Der Rückenpanzer kann eine Länge bis 83 cm erreichen, wobei die Weibchen wesentlich kleiner bleiben als die Männchen. Größere Exemplare von ca. 80 cm Carapaxlänge können bis zu 100 kg schwer werden. Diese Art ist die größte kontinentale Landschildkrötenart.

Kennzeichen: *Geochelone sulcata* hat einen hellbraunen abgeflachten Rückenpanzer. Plastron, Kopf und Gliedmaßen sind einfarbig gelb. Die Jungtiere sind insgesamt heller gefärbt. Ihren Trivialnamen erhielt die Art aufgrund eines Sporns, der sich auf den Oberschenkeln befindet. Besonders auffällig sind die stark verlängerten Kehlschilder des Plastrons, die gabelartig (bei Männchen ausgeprägter) hervorragen. Die Männchen besitzen einen stark konkav geformten Bauchpanzer.

Biologie, Haltung und Zucht: Die Haltung der Spornschildkröte im Privatbesitz spielt aufgrund ihrer enormen Größe eine untergeordnete Rolle. In Zoos werden diese Tiere oft mit Galápagos- oder Seychellen-Riesenschildkröten zusammen gehalten. Haltungsprobleme sind bei dieser Art nicht bekannt. Wichtig ist nur, daß den Schildkröten hohe Temperaturen, eine starke Lichtintensität und ein trockenes Klima geboten werden. Sie wurden bereits häufig erfolgreich nachgezogen. Gepflegt werden die Tiere in großen Anlagen, möglichst mit Freiflächen und einem beheizbaren Schildkrötenhaus. Besonders in den Sommermonaten, etwa von Juni bis September, ist ein Freilandaufenthalt sehr vorteilhaft. Man darf aber nicht vergessen, daß selbst strapazierfähiger Rasen häufig erneuert werden muß. Im Winter werden die Tiere am besten in einem mit einer Fußbodenheizung ausgestatteten, speziell für die Landschildkrötenhaltung hergerichteten Zimmer gepflegt. Als Bodengrund eignet sich ein Sand-Lehm-Gemisch. Die Temperaturen sollten ganzjährig tagsüber etwa bei 25–32°C liegen und nachts nur leicht abfallen. Temperaturen über 35°C und unter 16°C werden von den Schildkröten schlecht vertragen. Unter optimalen

Bedingungen schreiten die Tiere meist in den Monaten September bis Januar zur Fortpflanzung.

In der Natur findet die Paarung während der Regenzeit statt. Bei der Balz, die nur eine kurze Zeit andauert, umkreist das Männchen das Weibchen und rammt es. Wenn das Weibchen paarungsbereit ist und nicht mehr flieht, kommt es zur Kopulation. Die Tiere paaren sich oft mehrmals am Tag über den kurzen Zeitraum von ca. einer Woche. Während der Kopulation gibt das Männchen tiefe gedämpfte, röchelnde Laute von sich.

Die Weibchen legen mehrere Gelege, die jeweils aus bis zu 32 Eiern bestehen können. Dafür benötigen sie im Gehege eine hohe Sandschicht von etwa 50 cm. Da sie dies nur selten im Terrarium vorfinden, legen sie die Eier einfach frei ab, wobei viele sofort zerbrechen. RUDLOFF (1990) empfiehlt daher, die Weibchen während der Eiablage auf Holzrosten zu pflegen, deren Sprossenabstand etwa 5 cm beträgt. Auf diese Weise fallen die Eier bei der Ablage durch den Rost und können von den Tieren nicht mehr beschädigt werden. Die kugelrunden kalkschaligen Eier haben einen Durchmesser von 40–45 mm. Die Jungtiere schlüpfen bei einer Zeitigungstemperatur von 27–30°C und einer relativen Luftfeuchtigkeit von 60–80% nach 89–149 Tagen. Die Jungtiere sind nach der Streckung etwa 46 mm lang und wiegen ca. 35 g. Bei Freilandbeobachtungen konnte man eine Inkubationszeit von 212 Tagen feststellen. Die Aufzucht bereitet allgemein keine Probleme. Sie erfolgt in kleinen beheizten Zimmerterrarien. Nur bei der Ernährung muß man aufpassen, sie darf nicht zu proteinarm sein.

Auch diese Art wird regelmäßig in der Schweiz nachgezogen, wie auch in sehr großer Stückzahl in den Vereinigten Arabischen Emiraten und in den USA.

Futter: In ihrem natürlichen Lebensraum ernährt sich die Spornschildkröte hauptsächlich von sukkulenten Pflanzen und verschiedenen Gräsern. Außerdem ist sie dort fast kontinuierlich einem Wassermangel ausgesetzt. Im Terrarium frißt sie verschiedenes Grünfutter, Heu und Stroh, weniger gerne nimmt sie Obst zu sich. Die Nachzuchten erhalten neben Obst, Gemüse und Wildkräutern auch Insekten und deren Larven.

Geochelone sulcata **wird bis zu 100 kg schwer.** Foto: W. Schmidt

Geochelone yniphora (VAILLANT, 1885)
Untergattung *Astrochelys* (Synonym: *Asterochelys yniphora*)
Madagassische Schnabelbrustschildkröte

Abb. S. 82/83

Verbreitung: Das Verbreitungsgebiet von *Geochelone yniphora* beschränkt sich auf einen Bereich von weniger als 100 km² im Nordwesten von Madagaskar. Man nimmt an, daß es von dieser Art nicht mehr als 400 Individuen gibt, wodurch sie gegenwärtig zu den seltensten Schildkröten der Welt zählt.

Lebensraum: Die Art bevorzugt trockene Buschgebiete und Bambusdikkichte (Sekundärvegetation), welche sich inselartig innerhalb eines tropischen laubabwerfenden Waldgebietes befinden. Sie halten sich oft zur Nahrungssuche in offenen, mit verschiedenen krautartigen Pflanzen bewachsenen Regionen auf und ziehen sich zum Schutz in das angrenzende Dickicht zurück. Offene Palmsavannen, die durch Brandrodung entstanden sind, werden von den Schildkröten nicht aufgesucht. 90% des durchschnittlichen jährlichen Niederschlages von etwa 1230 mm fällt in den Monaten Dezember bis März. Von Juli bis September herrscht ein ausgesprochen trockenes und kühles Klima mit Temperaturen von zeitweise unter 20°C vor.

Größe: *Geochelone yniphora* kann eine Carapaxlänge von bis zu 60 cm erreichen.

Kennzeichen: Der Rückenpanzer ist stark gewölbt, ähnlich wie bei der mit ihr nahe verwandten *Geochelone radiata*. Seine Färbung besteht aus einem hellbraunen Grundton mit dunklen rhombischen Flächen. Charakteristisch für diese Art ist das stark verlängerte, schnabelartig zugespitzte und nach oben aufgehobene unpaarige Kehlschild.

Biologie, Haltung und Zucht: Der Lebensraum dieser Art ist aufgrund seiner geringen Größe sehr gefährdet. So gibt es zum Beispiel einzelne durch Brandrodung isolierte Individuen, die kaum noch die Möglichkeit haben, Kontakt zu größeren Populationen zu bekommen. Außerdem wird *Geochelone yniphora* von der madagassischen Bevölkerung als Haustier zwischen Hühnern gehalten, weil sie angeblich Krankheiten von diesen fernhalten soll. Auch stellen verwilderte Hausschweine eine extreme Bedrohung dar.

Es befinden sich außerhalb Madagaskars nur vereinzelte Exemplare der Madagassischen Schnabelbrustschildköte. Zum Schutz und zur Erhaltung dieser Art gibt es seit etwa 1986 eine Zuchtstation in Ampijoroa, Westmadagaskar, in der auch schon einige Nachzuchten gelangen.

Die Eiablage erfolgt von Ende Januar bis Anfang Mai. Die Weibchen legen im Abstand von ungefähr einem Monat vier bis fünf Gelege, bestehend aus drei bis sechs Eiern. Die Inkubationszeit liegt zwischen 191 und annähernd 267 Tagen.

Futter: Die Madagassische Schnabelbrustschildkröte ernährt sich hauptsächlich von Blättern verschiedener Sträucher, Seggen und unterschiedlichen Grasarten. Ab und zu wurde beobachtet, daß sie auch tierischen Kot zu sich nahm. In Madagaskar als Haustier gehaltene Schildkröten wurden mit Früchten, jungen Zuckerrohrtrieben, Bambussprossen und sogar gekochtem Reis gefüttert, was sie ebenfalls gerne annahmen.

Gopherus
RAFINESQUE, 1832

Diese Gattung ist mit ihren 4 Arten die einzige in Nordamerika vorkommende echte Landschildkröte.

Jede der *Gopherus*-Arten bewohnt ein isoliertes Verbreitungsgebiet, das sich nicht mit dem einer anderen *Gopherus*-Art überschneidet.

Drei Arten bewohnen tiefe Höhlen, die sie mit Hilfe ihrer zu Grabfüßen abgeflachten Vorderbeine selbst anlegen. Die stabilen, stark verbreiterten an den Vorderfüßen befindlichen Krallen unterstützen diese Arbeit erheblich. In der Regel sind die Gänge der Wohnhöhlen drei bis sechs Meter lang und verlaufen leicht schräg in den Boden. Es wurden auch schon Gänge ausfindig gemacht, die bis zu 14 m lang waren. Am Ende dieser Gänge befindet sich meist eine geräumige Wohnkammer.

Alle 4 Arten besitzen stark vorstehende Kehlschilder, die nicht, wie ursprünglich angenommen, der Grabtätigkeit dienen, sondern von den Männchen beim Kommentkampf dazu benutzt werden, den Gegner auf den Rücken zu hebeln.

Die Umgebungstemperatur ist bestimmend für die Tagesaktivität der Tiere. Nach einer kurzen Aktivitätsphase in den frühen Morgenstunden ziehen sie sich bei hohen Temperaturen für den ganzen Tag in ihre Wohnhöhle zurück. Mit Einbruch der Dämmerung verlassen sie dann wieder ihre Gänge und bleiben während der ersten warmen Nachthälfte aktiv. Alle *Gopherus*-Arten sollten, wenn sie im Terrarium gehalten werden, niemals feuchtkühler Witterung ausgesetzt werden.

Gopherus agassizii (COOPER, 1863)
Kalifornische Gopherschildkröte

Verbreitung: *Gopherus agassizii* kommt in folgenden Teilen der USA und Mexiko vor: Südostkalifornien, südliches Nevada, Südwestutah, Südarizona, Sonora bis Sinaloa und (wahrscheinlich eingeführt) Baja California. Die Tiere aus den südlichen Populationen wurden schon als fünfte Art beschrieben.

Lebensraum: Diese Art bewohnt je nach Verbreitungsgebiet unterschiedliche Habitate wie ausgetrocknete Flußbetten, Wüstenoasen, Cañonsohlen und felsige Hanglagen, in denen sie bis in einer Höhe von 700 m zu finden ist. Auf dem zumeist kargen sandig-kiesigen Boden wachsen Kakteen, Dornbüsche, Gräser und andere dem extrem trockenen Lebensraum angepaßte Pflanzen.

Größe: Der Rückenpanzer kann eine Länge bis zu 38 cm erreichen. Der Carapax des größten bisher gefundenen Tieres maß 49 cm. Die Weibchen bleiben meist kleiner als die Männchen.

Kennzeichen: Der Rückenpanzer von *Gopherus agassizii* hat meist eine dunkelbraune Grundfarbe, die Zentren der einzelnen Wirbel- und Rippenschilder sind oft gelblich gefärbt. Die hinteren Randschilder sind mehr oder weniger stark gezähnt. Ähnlich wie die Schilder des Rückenpanzers weisen die Plastronschilder eine dunkle Färbung mit einem helleren gelblichen Zentrum auf. Bei den Männchen ragen die paarigen, gegabelten und aufgebogenen Kehlschilder stärker hervor als bei den Weibchen. Außerdem besitzen Männchen einen konkaven Plastron, längere und dickere Schwänze, besser entwickelte Kinndrüsen und kräftigere Krallen. Diese Geschlechtsunterschiede erscheinen jedoch erst ab einer Panzerlänge von 12–14 cm. Der Hals ist gelblich, der Kopf dunkel- bis rötlichbraun, die Gliedmaßen sind ebenfalls braun, ihre Ansätze gelb.

Biologie, Haltung und Zucht: Nähere Aussagen über Haltung oder Zucht von *Gopherus agassizii* im Terrarium liegen nicht vor.

Die folgenden Daten beruhen auf Freilandbeobachtungen. Die Paarungszeit beginnt im Mai und kann bis in den September andauern. Die Eiablage erfolgt hauptsächlich im Juni und Juli. Getrennt von den Wohnhöhlen, gräbt das Weibchen eine 15–20 cm tiefe Grube, in die das aus 2–14 Eiern bestehende Gelege eingegraben wird (durchschnittliche Gelegegröße 5–6 Eier). Pro Jahr werden zwei bis drei Gelege abgesetzt. Die Eier können eine ovale bis kugelrunde Form aufweisen. Zwischen August und Oktober schlüpfen die Jungtiere, hauptsächlich jedoch im September bis Anfang Oktober. In der Natur liegt die Inkubationszeit zwischen 90 und 120 Tagen.

Futter: In ihrem natürlichen Lebensraum ernährt sich *Gopherus agassizii*

Gopherus berlandieri

hauptsächlich von Gräsern, Kakteen und den Blüten von Wüsten-Korbblütlern. Gelegentlich werden auch Insekten gefressen. Die gezähnten Kiefer erleichtern dieser Art das Zerkleinern der Pflanzen.
Im Terrarium gepflegte Tiere fressen fast alles an vegetarischer Kost. Manchmal wird, obgleich nicht mit Begeisterung, auch tierische Nahrung angenommen.

Gopherus agassizii   Foto: F.W. Henkel

Gopherus berlandieri (AGASSIZ, 1857)
Mexikanische Gopherschildkröte

Verbreitung: Das Verbreitungsgebiet der in Texas und Mexiko vorkommenden *Gopherus berlandieri* erstreckt sich von Del Rio und San Antonio über den Osten Coahuilas nach Nuevo León bis in den Süden Tamaulipas.
Lebensraum: Aufgrund ihres Verbreitungsgebietes findet man *Gopherus berlandieri* sowohl in wüstenähnlichen Landstrichen als auch in Buschwäldern feuchter subtropischer Gebiete. Bevorzugt werden Buschregionen mit trockenen, sandigen Böden.
Im Gegensatz zu den übrigen drei *Gopherus*-Arten legt *Gopherus berlandieri* in der Regel keine großen Höhlen an. Diese Landschildkröten graben flache Mulden, die gerade so groß sind, daß sie ihren Körper darin verstecken können. Auch werden von den Tieren gelegentlich Säugetierbauten, die ihrer Größe entsprechen, bewohnt.
Größe: Mit maximal 22 cm Carapaxlänge stellt sie die kleinste der vier *Gopherus*-Arten dar.
Kennzeichen: Der Rückenpanzer ist meist einfarbig braun, die Zentren der Rückenschilder weisen bei manchen Exemplaren einen gelben Fleck auf. Die Form des Rückenpanzers ist länglich, oben recht abgeflacht, hinter der Mitte am höchsten und dann steil nach hinten wieder abfallend. Im Gegensatz zu den Weibchen besitzen die Männchen einen etwas längeren und schmaleren Rückenpanzer. Die Randschilder des Rückenpanzers sind stark gezähnt. Bauchpanzer, Kopf und Beine haben

eine matt-gelbliche Färbung. Auch bei dieser Art läßt sich das Männchen durch den konkaven Plastron und die besser entwickelten Kinndrüsen gut vom Weibchen unterscheiden.
Biologie, Haltung und Zucht: In den USA wurde *Gopherus berlandieri* mehrfach in großen Freilandanlagen nachgezogen.
Die Paarung findet gewöhnlich von Juni bis September statt. Im Terrarium beginnen die Männchen schon im Mai, den Weibchen nachzustellen. Die Eiablage erfolgt dann in der Regel in den Monaten Mai und Juni. Jedes Weibchen produziert gewöhnlich pro Jahr nur ein Gelege, bestehend aus einem bis fünf Eiern. Oftmals wird dieses Gelege auf mehrere Nester verteilt.

Die Inkubationszeit liegt zwischen 88–118 Tagen, die Schlupfrate bei ca. 60%. Die Jungtiere sind etwa vier bis fünf cm groß, und ihre Panzerfarbe kann von braun bis gelblich variieren. Es wird angenommen, daß die Schildkröten die Geschlechtsreife erst nach 10 Jahren erreichen.
Futter: In der Natur werden häufig Kakteen der Gattung Opuntia sowie deren Blüten und Früchte, Gräser und andere Pflanzen verzehrt. Auch Schnekken, Insekten und Säugetierexkremente werden nicht verschmäht. Die Ernährung im Terrarium bereitet keine großen Schwierigkeiten. Es ist darauf zu achten, daß neben der vegetarischen Kost auch tierisches Eiweiß angeboten wird.

Gopherus flavomarginatus LEGLER, 1959
Gelbe Gopherschildkröte

Verbreitung: *Gopherus flavomarginatus* kommt ausschließlich in Nord-Zentralmexiko in einem Gebiet vor, das 1000–1300 m hoch gelegen ist. Es grenzt an den Südwesten von Chihuahua, den Südwesten von Coahuila und den Nordosten von Durango.
Lebensraum: Die steppen- und wüstenartigen Gebiete, in denen *Gopherus*

Gopherus flavomarginatus **ist aufgrund des kleinen Verbreitungsgebietes stark in ihrem Bestand gefährdet.** Foto: R.E. Honegger

flavomarginatus lebt, weisen ein Klima mit starken Temperaturschwankungen auf. Die Durchschnittstemperatur im Januar beträgt etwa 11°C und im Juni 28°C. Extremwerte im Winter von –16°C und im Sommer von 45°C können gelegentlich auftreten. Die jährliche Niederschlagsmenge beträgt im Durchschnitt 271 mm. Auf dem trockenen, in der Regel sandigen Boden wachsen hauptsächlich verschiedene Gräser und vereinzelt Büsche.

Größe: Bei *Gopherus flavomarginatus*, die eine Panzerlänge bis zu 40 cm erreicht, handelt es sich um eine relativ große Landschildkrötenart.

Kennzeichen: Der Carapax ist länglich, schwach gewölbt und hinter der Mitte am breitesten. Die Randschilder des hinteren Rückenpanzers sind leicht gezähnt.

Es gibt verschiedene Farbvarianten von *Gopherus flavomarginatus*. Die Rückenschilder können von hellgelb bis gelbgrün und dunkelgelb bis braun gefärbt sein, manchmal besitzen sie auch ein dunkelbraunes Zentrum. Die Randschilder sind meist gelblich pigmentiert und somit immer heller als die Wirbel- und Rippenschilder. Gelegentlich werden Exemplare gefunden, die einige dunkle Radialstreifen aufweisen.

Die Grundfarbe des Plastrons ist gelb, und die einzelnen Schilder haben dunkle Flecken, die im Alter verblassen.

Kopf und Gliedmaßen sind gelb bis braun. Die Geschlechtsunterschiede sind denen der anderen *Gopherus*-Arten ähnlich.

Biologie, Haltung und Zucht: Aus Schutz vor Räubern und extremen Temperaturen gräbt diese Art besonders tiefe und lange Wohnhöhlen. Die Hauptaktivitätszeit von *Gopherus flavomarginatus* liegt im Frühjahr, gefolgt von einer geringeren Aktivitätsphase im Herbst und einer anschließenden Ruhephase in kalten, trockenen Wintern. Diese Winterruhe kann jedoch durch milde Temperaturen unterbrochen oder frühzeitig abgebrochen werden. Die Tiere sind dann auch im ganzen Winter sehr aktiv.

Die Paarungszeit beginnt im Mai, danach folgt die Eiablage zwischen Mai und Oktober. Die Weibchen können 1–3 Gelege pro Jahr hervorbringen, die jeweils durchschnittlich aus fünf Eiern bestehen. Nach etwa 100–130 Tagen Inkubationszeit schlüpfen die Jungtiere aus den fast kugelrunden Eiern.

Die Tiere werden erst in einem Alter von 15–20 Jahren geschlechtsreif.

Aufgrund des kleinen, etwa nur 7000 km² umfassenden Verbreitungsgebietes ist die Art in ihrem Bestand sehr gefährdet. Viele Populationen sind schon ausgerottet oder stark dezimiert. *Gopherus flavomarginatus* ist in Mexiko gesetzlich geschützt. Es gibt sogar im Mapimi-Biosphärenreservat ein Schutzprogramm für die Populationen in diesem Gebiet. Die meisten Populationen sind jedoch weiterhin bedroht, hauptsächlich durch die Nahrungskonkurrenz mit den Haustieren.

Futter: Auf dem natürlichen Speiseplan dieser Gopherschildkröte stehen verschiedene Gräser, Kräuter, Opuntien und gelegentlich Insekten.

Gopherus polyphemus (DAUDIN, 1802)
Gewöhnliche- oder Florida-Gopherschildkröte

Verbreitung: Das Verbreitungsgebiet von *Gopherus polyphemus* führt vom südlichen South Carolina durch die atlantische Küstenebene bis Florida und durch die Golfküstenebene über Südgeorgia, Alabama, Mississippi bis nach Südostlouisiana.

Lebensraum: *Gopherus polyphemus* bevorzugt trockene, sandige Böden oder solche, die durch eine gute Drainage schnell wieder austrocknen. Ihr Habitat besteht überwiegend aus offenen, mit Gras, niedrigem Strauchwerk und Kräutern bewachsenen Flächen, die meist zwischen Pinien- und Eichenwäldern gelegen sind. Die Tiefe ihrer Wohnhöhlen ist abhängig von der geographischen Lage, der Beschaffenheit des Bodengrundes und des Grundwasserspiegels.

Größe: Der Rückenpanzer kann bei *Gopherus polyphemus* bis zu 30 cm lang werden.

Kennzeichen: Der oben abgeflachte Carapax weist eine längliche Form auf, die Flanken und der hintere Bereich fallen steil ab. Die Randschilder sind nur leicht gezähnt.
Die Grundfarbe des Rückenpanzers ist dunkelbraun bis grauschwarz, bei einigen Tieren findet man auf den Rücken- und Wirbelschildern hellere Zentren. Der Plastron ist gelb bis grau. Die grauschwarzen Extremitäten zeigen nur an den Ansätzen eine hellere Färbung. Die Geschlechtsunterschiede sind mit denen der anderen *Gopherus*-Arten vergleichbar.

Biologie, Haltung und Zucht: Die Paarung erfolgt in der Natur zwischen April und Juni. Das Balzverhalten läuft (ähnlich wie bei den anderen *Gopherus*-Arten) folgendermaßen ab: Sobald ein Männchen ein Weibchen entdeckt hat, läuft es auf dieses zu und umkreist es einige Male. Das Umkreisen wird nur durch kurze Nickeinlagen mit dem Kopf unterbrochen, um so die Aufmerksamkeit des Weibchens auf sich zu lenken. Sobald das Weibchen stehen bleibt, versucht das Männchen, ihr in den Kopf, in die Vorderbeine, in die Marginalschilder des Panzervorderrandes oder in die Kehlschilder zu beißen. Es wird vermutet, daß das Männchen hierdurch versucht, ein Weibchen auch als solches zu identifizieren. Das Weibchen hält an, dreht dem Kopf des Männchens den hinteren Teil ihres Panzers zu und streckt ihre Hinterbeine aus. Nachdem das Männchen einige erfolglose Versuche unternommen hat aufzureiten, beißt es das Weibchen erneut, anschließend kommt es meist zur erfolgreichen Kopulation.

Man geht davon aus, daß das Kopfnikken der Männchen nicht nur als optisches Balzsignal dient. Zusätzlich sollen durch das Nicken die am Kopf befindlichen Kinndrüsen ein Duftsekret ausscheiden, das ebenfalls stimulierend auf die Weibchen wirkt.

Beide Geschlechter besitzen diese Duftdrüsen, die in der Paarungszeit erheblich anschwellen können. Jedoch sind diese bei den Männchen meist besser entwickelt.

Zwischen Mitte Mai und Mitte Juni graben die Weibchen, häufig weit entfernt von ihren Wohnhöhlen, ein ca. 15 cm tiefes Nest. Dort erfolgt dann die Ablage eines Geleges pro Jahr, das durchschnittlich aus fünf bis sieben Eiern besteht. Nach einer Inkubationszeit von 80–110 Tagen schlüpfen die Jungtiere zwischen Mitte August und September.

In Südwestgeorgia erreichen die Tiere mit 16–21 Jahren die Geschlechtsreife, in Nordflorida bereits mit 10–15 Jahren. Die Landschildkröten können vermutlich ein Höchstalter von 40–60 Jahren erreichen.

Futter: Die Tiere verzehren in freier Natur viele verschiedene Grasarten, Blätter und Früchte, Insekten und Knochen.

Im Terrarium nehmen sie vegetarische Kost und unterschiedliche Hunde- oder Katzenfuttersorten als Nahrung an.

Gopherus polyphemus **bewohnt den Südosten der Vereinigten Staaten.**

Foto: P. Mohler

Homopus
DUMERIL & BIBRON, 1834
Flachschildkröten

Bei der Gattung *Homopus* handelt es sich um die kleinsten Landschildkröten der Welt. Alle fünf *Homopus*-Arten kommen nur im südlichen Afrika vor.
Charakteristika dieser Gattung sind der seitlich etwas abgeflachte, kaum gewölbte Rückenpanzer, die breiter als längeren Kehlschilder und die abgeflachten, niemals konischen Rückenschilder.
Alle *Homopus*-Arten sind bisher in ihrem Bestand offenbar nur wenig gefährdet und durch die Naturschutzgesetze in Südafrika und Namibia streng geschützt.

Homopus areolatus (THUNBERG, 1787)
Areolen-Flachschildkröte

Verbreitung: Diese Art ist endemisch in der südlichen Küstenregion der Kapprovinz. Ihr Verbreitungsgebiet reicht von East London bis nach Cederberg und in westlicher Richtung bis in die Nähe von Clanwilliam. Normalerweise findet man die Art nicht über 900 m Höhe, obwohl es eine in 1300 m Höhe isolierte Population in Middelpos (Roggeveldberge) gibt.
Lebensraum: Im Verbreitungsgebiet von *Homopus areolatus* herrscht meist ein eher mediterranes Klima mit heißen und trockenen Sommern sowie kühlen und feuchten Wintern vor. Die jährliche Niederschlagsmenge, die hauptsächlich in den Wintermonaten fällt, liegt in diesem Gebiet je nach Biotop zwischen 300–2500 mm.
Man findet die Landschildkröten in einer Art Trockensavanne, bestehend aus dornigem und sukkulentem Pflanzenbewuchs oder in Trockenwäldern und dichten Buschlandschaften.

Größe: Wie alle anderen *Homopus*-Arten ist die Areolen-Flachschildkröte mit einer Carapaxlänge von ca. 11,5 cm eine sehr kleine Landschildkrötenart. Auch bei dieser Form werden die Weib-

Dieses Exemplar von *Homopus areolatus* stammt aus der Region um Cederberg.
Foto: W.D. Haacke

chen wesentlich größer als die Männchen.

Kennzeichen: Der Rückenpanzer hat eine leicht gewölbte Form und ist oben abgeflacht. Die hinteren Randschilder sind entweder gar nicht oder nur leicht gezähnt. Um die Rückenschilder verlaufen starke Furchen. Die Zentren der Wirbel- und Rippenschilder sind rotbraun bis ockergelb, gelb, olivgrün oder dunkelbraun umrandet.
Der Bauchpanzer hat eine gelbliche Grundfarbe und kann zur Mitte hin auch dunklere Flecken aufweisen. Kopf und Gliedmaßen sind gelb oder rötlichbraun. An jedem Vorderfuß sitzen vier Krallen. Die Weibchen haben im Gegensatz zu den Männchen einen dunkleren Plastron und einen kürzeren Schwanz.

Biologie, Haltung und Zucht: *Homopus areolatus* ist bereits mehrfach erfolgreich nachgezogen worden. Am planmäßigsten geschah dieses bisher in den USA. Die Zuchtgruppe dort bestand zum einen aus Tieren, die aus Südafrika per Flugzeug auf dem schnellsten Weg nach Amerika transportiert wurden, und zum anderen aus Exemplaren, die sich bereits seit langem in menschlicher Obhut befanden.
Im Terrarium wurden die täglichen und jahreszeitlichen klimatischen Schwankungen bezüglich der Temperatur, Lichtintensität und Feuchtigkeit in den Herkunftsorten so gut wie möglich simuliert.
Die Rivalitätskämpfe der Männchen, ihr Balzverhalten und die Kopulation fanden routinemäßig den ganzen „künstlichen" Sommer über statt (Juni-Januar). Innerhalb dieser Zeit färbten sich die vorderen Stirnschilder der Männchen leuchtend orangerot. Diese Färbung, die über mehrere Wochen anhielt, wurde ebenfalls bei Tieren in freier Natur beobachtet. Einen vergleichbaren Wechsel der Färbung während der Paarungszeit (Geschlechtsdichromatismus) ist auch von den asiatischen Schildkrötenarten *Indotestudo elongata*, *Callagur borneoensis* und *Batagur baska* bekannt.
Die Kommentkämpfe zwischen den Männchen und auch das aggressive Verhalten gegenüber den Weibchen machten oft einen extrem harten Eindruck. Die Tiere bissen sich teilweise so sehr in die Gliedmaßen, daß blutende Wunden entstanden.
Während des simulierten Winters (Februar-Mai) konnte kein geschlechtspezifisches Verhalten beobachtet werden. Etwa eine Woche vor der Eiablage begannen die Weibchen, nachmittags umherzulaufen, um einen geeigneten Platz für das Nest zu finden. Bisherige Beobachtungen zeigten, daß die Nistplätze keine bestimmten Charakteristika aufweisen müssen. Die Weibchen wählten oft sehr unterschiedliche Stellen zur Eiablage aus. Im Vergleich mit Gelegen aus der freien Natur scheint die von den Schildkröten im Terrarium gelegte Eizahl deutlich kleiner zu sein. Fast alle Gelege der Zuchtgruppe umfaßten nur 1–2 Eier, während Gelege im natürlichen Lebensraum von *Homopus areolatus* durchschnittlich 2–3, manchmal auch 4–5 Eier aufweisen.

Ein Weibchen der Zuchtgruppe produzierte mehrere Gelege im Jahr. Ob dies auch in der Natur der Fall ist, weiß man noch nicht.

Die Eier wurden in feuchtem Vermiculite bei einer Temperatur von 26,1–27,2°C gezeitigt. Die Inkubationszeit liegt unter diesen künstlichen Bedingungen zwischen 94 und 187 Tagen. Diese Zeit stimmt nicht mit der Brutdauer in der freien Wildbahn überein. Messungen von BOYCOTT & BOURQUIN (1988) ergaben dort eine Dauer von 150–320 Tagen.

Die Schlüpflinge wogen 4–8 g und besaßen eine Carapaxlänge von 25–35 mm.

Futter: Die im Terrarium gehaltenen Tiere erhielten eine faserreiche, zuckerarme Kost, der Vitamine und Kalzium beigefügt wurden. Auch Vitamin D3 wurde verabreicht, da die Tiere niemals natürlicher Sonnenbestrahlung ausgesetzt wurden. Löwenzahn, Endiviensalat, Broccoli, Möhren, Bohnen, Opuntien, Sedum und gelegentlich Kürbis oder Zucchini wurden ebenfalls verfüttert.

Früchte, Süßkartoffeln und andere Nahrung mit hohem Eiweiß- und Zuckergehalt wurden nicht gegeben. Es wird angenommen (HIGHFIELD 1990), daß eine zuckerreiche Kost den Befall mit Innenparasiten fördert. Da dieser Schildkrötenart in ihrem natürlichen Verbreitungsgebiet selten Wasser zur Verfügung steht, wurden die Tiere im Terrarium nur zwei- bis dreimal im Monat gebadet, wobei sie nur zögernd tranken.

Die Jungtiere wurden dreimal pro Woche gebadet, wobei sie jedesmal tranken. Dieses Trinkbedürfnis verringerte sich erst ab einem Alter von etwa sechs Monaten.

Homopus bergeri LINDHOLM, 1906
Bergers Flachschildkröte

Verbreitung: Die Verbreitung von *Homopus bergeri* beschränkt sich auf wenige Gebiete im Südwesten Namibias. In folgenden Gegenden findet man diese Art: In den Bergen von Aus, auf dem Kowiesberg in der Nähe von Lüderitz, in den Granithügeln vier bis fünf Kilometer südwestlich von Tschaukaib, zwei bis drei Kilometer südöstlich von Haalenberg und in Witputs auf dem Huib Plateau nah bei Rosh Pinah.

Lebensraum: *Homopus bergeri* bewohnt die öden Granitberge mit spärlicher sukkulenter Vegetation in der Namib-Wüste und die Graslandschaften der Aus-Berge. Die Populationen auf dem Kowiesberg sind bei einer jährlichen Niederschlagsmenge von 10 mm einer extremen Trockenheit ausgesetzt. Ihren Wasserbedarf decken sie mit der aufgenommenen Nahrung oder den Nebeln der nahegelegenen Küstenregionen, die von Luftströmungen bis in dieses Gebiet getragen werden. Der Nie-

Homopus bergeri stammt aus dem Südwesten Namibias. Foto: W. Schmidt

derschlag bei Aus beträgt 80–100 mm pro Jahr und fällt hauptsächlich in den Monaten Januar bis Juni. In diesen Gebieten können im März extrem hohe Temperaturen bis zu 40°C herrschen. Im Juni dagegen sinken die Temperaturen in Aus und Lüderitz eventuell bis unter den Gefrierpunkt. In Aus kommt es sogar gelegentlich zu Schneefällen.

Größe: Die Männchen bleiben mit einer Carapaxlänge von 9 cm wesentlich kleiner als die Weibchen, die eine Größe von 10,9 cm erreichen können.

Kennzeichen: Typisch für diese Art ist der rötlichbraune Carapax, der bei älteren Exemplaren auch olivgrün sein kann. Auf jedem Schild befindet sich ein helles Zentrum, umrandet von einer dunklen mahagoni- oder rötlichfarbenen Kante, die unregelmäßig gefleckt sein kann. Der Plastron ist ähnlich gefärbt. Kopf und Gliedmaßen sind bräunlich. Die Randschilder sind weder gesägt noch aufgebogen. An den Vorderbeinen befinden sich fünf, an den Hinterbeinen vier Zehen. Die Männchen haben einen konkaven Panzer und einen längeren Schwanz. Es gibt bei dieser Art keinen Geschlechtsdichromatismus wie bei *Homopus areolatus*.

Biologie, Haltung und Zucht: Über

Homopus bergeri ist sehr wenig bekannt. Die wenigen Informationen, die vorliegen, stammen aus einer kurzfristigen Freilandbeobachtung sowie den Berichten von Farmern und Mitarbeitern einer Naturschutzorganisation, die diese Schildkrötenart einige Zeit beobachteten. Danach suchen die Tiere gerne Schutz unter Steinen und verlassen diese Verstecke regelmäßig nach den winterlichen Niederschlägen. Sie trinken dann Wasser aus den sich auf den Felsen bildenden Pfützen und ernähren sich wahrscheinlich von den wenigen dort wachsenden Pflanzen. Über die Fortpflanzung ist bisher noch nichts bekannt. Ihre natürlichen Feinde sind Hyänen, Schakale und Krähen. Es gibt bislang keinen Hinweis darauf, daß *Homopus bergeri* in ihrem Bestand bedroht ist, weder durch Zerstörung ihres Lebensraums noch durch illegales Einsammeln. Infolge ihres kleinen Areals ist sie aber wohl höchst schutzwürdig.

Futter: Die Schildkröten fressen Gräser und sukkulente Pflanzen.

Homopus boulengeri DUERDEN, 1906
Boulengers Flachschildkröte

Homopus boulengeri ist eine scheue Landschildkröte, die die Trockengebiete der Karroo-Region Südafrikas bewohnt.

Foto: W.D. Haacke

Verbreitung: *Homopus boulengeri* kommt in der großen Karroo-Region der Kapprovinz von Südafrika vor. Das Verbreitungsgebiet erstreckt sich im Osten von Pearston und Wolverfontein bis zum Westen nach Sutherland und Carnarvon. Weiterhin sind Exemplare in der Umgebung von Aus in Südnamibia gefunden worden.

Lebensraum: Bevorzugter Lebensraum von *Homopus boulengeri* sind die mit sukkulenten Pflanzen bewachsenen Trockengebiete und Graslandschaften der Karroo-Region. Man findet sie ebenfalls auf Bergkämmen und steinigen Hügeln.

Größe: Wie bei den anderen *Homopus*-Arten, werden auch bei *Homopus boulengeri* die Weibchen mit einer Rückenpanzerlänge von 11 cm deutlich größer als die Männchen, die nur 9 cm erreichen.

Kennzeichen: Bei *Homopus boulengeri* ist die Färbung sehr variabel. Die Farbe des Rückenpanzers schwankt zwischen einem rötlichen und olivbraunen Ton. Es befindet sich keine Zeichnung auf den Rückenschildern. Der Bauchpanzer ist meist einfarbig gelb, braun oder oliv, die einzelnen Schilder können dabei dunkel umrandet sein oder ein dunkles Zentrum aufweisen. Die hinteren Randschilder des Carapax sind nicht oder nur kaum gezähnt. Kopf und Gliedmaßen sind entweder hellgelb, orange oder hellbraun. An den Hinterschenkeln befinden sich nur schwach entwickelte Hornkegel.

Biologie, Haltung und Zucht: *Homopus boulengeri* ist eine scheue, sehr versteckt lebende Landschildkrötenart. Unterschlupf bieten ihr die Steinplatten in den felsigen Hochebenen der Gebirgskämme. In ihren Habitaten sind die Tiere dank ihrer Färbung hervorragend getarnt, sie führen daher eine recht unbeobachtete Lebensweise.

An kühlen Sommertagen und besonders nach Gewittern zeigen die Schildkröten eine wesentlich gesteigerte Aktivität.

Wie alle *Homopus*-Arten, wird auch *Homopus boulengeri* gerne von Krähen gefressen. Um an das begehrte Fleisch zu gelangen, lassen die Vögel erbeutete kleine Schildkröten aus großer Höhe zu Boden fallen, wodurch der Panzer zerbricht.

Über die Nahrungsgewohnheiten und die Fortpflanzungsbiologie ist kaum etwas bekannt. Es wird lediglich von Eiablagen berichtet, die im Dezember und Januar beoachtet werden konnten. Jedes Gelege bestand immer aus nur einem länglichen Ei.

Futter: Wahrscheinlich ernähren sich die kleinen Landschildkröten von sukkulenten Pflanzen und Gräsern.

Homopus femoralis BOULENGER, 1888
Sporen-Flachschildkröte

Verbreitung: *Homopus femoralis* kommt in den Bergen der östlichen und nördlichen Kapprovinz in Höhen von über 900 m vor. Außerdem findet man diese Art auch im südlichen Oranje-Freistaat und im äußersten Südwesten von Transvaal. Getrennt von diesem Hauptverbreitungsgebiet befinden sich die übrigen Populationen im zentralen Kapland in der Komsberg-Region, dem Sutherland-Bezirk und im westlichen Karoo-Gebiet.

Lebensraum: Felsige Gebirgszüge und grasbewachsene Hochebenen kennzeichnen den Lebensraum von *Homopus femoralis*. Die Temperaturen sind im Sommer sehr hoch und sinken im Winter bis unter den Gefrierpunkt. Der meiste Regen fällt im Sommer.

Größe: Der Carapax der Weibchen kann eine Länge von 16 cm erreichen. Die Männchen bleiben mit einer Gesamtlänge von ca. 13 cm deutlich kleiner. *Homopus femoralis* ist die größte Art dieser insgesamt recht kleinwüchsigen Gattung.

Kennzeichen: Der Rückenpanzer ist oben abgeflacht. Die Randschilder sind aufgebogen und gesägt. Der Carapax weist meist eine einfarbige rötliche oder olivbraune Färbung auf. Der Plastron der Männchen ist ebenso gefärbt wie der Rückenpanzer. Die Weibchen besitzen hingegen einen schmutzig-gelben Bauchpanzer, oft mit dunkelbraunen Kanten.

Der Kopf, die Beine und der Schwanz sind in aller Regel gelb bis hellbraun gefärbt und können gelegentlich auch eine Tendenz zu Orangetönen aufweisen. An den Oberschenkeln der Hinterbeine befinden sich stark ausgeprägte Hornkegel, und auch die Fersen tragen sporenartige Tuberkel.

Die Männchen besitzen keinen konkaven Bauchpanzer, unterscheiden sich aber von den Weibchen durch ihre geringere Größe und den längeren Schwanz.

Biologie, Haltung und Zucht: Obwohl ihr Verbreitungsgebiet genau bekannt ist, weiß man nur recht wenig von dieser Art.

Die Tiere suchen Schutz unter Steinplatten, in Felsspalten und in verlassenen Termitenbauten. Während der frühen Morgenstunden scheint *Homopus femoralis* am aktivsten zu sein, so daß man die Tiere dann auch bei der Nahrungsaufnahme beobachten kann. Im Laufe des Sommers werden ein bis drei Eier abgelegt, aus denen die Jungen mit einer Größe von zweieinhalb bis drei cm schlüpfen. Besondere Gefahr droht den Gelegen wie auch den Jungtieren durch Beutegreifer, wie zum Beispiel Mungos, Krähen und Warane.

Von Juni bis September, wenn die Graslandschaften mit Schnee bedeckt sind, halten die Tiere in tiefen Felsspalten ihren Winterschlaf.

Homopus femoralis, **die Sporen-Flachschildkröte.** Foto: W. Schmidt

Futter: Wahrscheinlich ernährt sich *Homopus femoralis* von verschiedenen Gräsern, Wildkräutern und sukkulenten Pflanzen.

Homopus signatus (GMELIN 1789)
Flachschildkröte

Verbreitung: *Homopus signatus* ist endemisch in der westlichen Kapprovinz von Südafrika. Es werden zwei Unterarten anerkannt, die in folgenden Gegenden vorkommen:

Homopus signatus signatus (GMELIN 1789): Die Nominatform findet man nördlich von Clanwilliam.

Homopus signatus cafer (DAUDIN 1802): Das Verbreitungsgebiet dieser Unterart ist sehr begrenzt. Es erstreckt sich in der südlichen Kapprovinz von Piketberg bis Clanwilliam. Es ist offensichtlich, daß es sich bei den Tieren, die im Nordosten von

Homopus signatus signatus (o.)
Foto: W. Schmidt
Homopus signatus cafer (u.)
Foto: W. Schmidt

Homopus signatus

Clanwilliam vorkommen, um eine Zwischenform der beiden Unterarten handelt.
Lebensraum: *Homopus signatus* bewohnt felsige Gegenden bis 1000 m Höhe. Ihr Biotop, die Buschsavanne, ist mit trockenen Sukkulenten bewachsen.
Größe: Mit einer maximalen Carapaxlänge von ca. 10 cm, meist bleiben die Tiere jedoch etwas kleiner, ist diese Art die kleinste Landschildkröte der Welt. Die Weibchen werden etwa einen Zentimeter größer als die Männchen.
Kennzeichen: Der Rückenpanzer ist hinten abgeflacht, und die einzelnen Rückenschilder sind nicht gewölbt. Die Randschilder sind bei der Nominatform gesägt. An den Oberschenkeln sitzen stark entwickelte Hornkegel.
Die Männchen kann man durch ihre geringere Größe, den längeren Schwanz und den stark konkaven Plastron von den Weibchen gut unterscheiden. Es gibt offensichtlich keine Farbunterschiede zwischen den Geschlechtern.
Die beiden Unterarten *Homopus signatus signatus* und *Homopus signatus cafer* kann man leicht anhand ihrer typischen Färbung und Zeichnung voneinander unterscheiden. So weist der Carapax bei der Nominatform (*Homopus signatus signatus*) einen elfenbeinfarbenen Ton auf. Ausgehend vom Mittelpunkt der einzelnen Rückenschilder, verläuft strahlenförmig aufgereiht eine variable Anzahl von schwarzen Flecken zu den Rändern. Der Plastron ist entweder elfenbeinfarben und gesprenkelt oder aber grau mit helleren Flecken. Der Kopf und die Gliedmaßen sind schmutzig-weiß oder elfenbeinfarben und weisen kleine dunkle Flecken auf. Die Grundfärbung des Rückenpanzers bei *Homopus signatus cafer* kann dagegen von einem Lachsrosa bis zu einem intensiven Rot variieren. Durch die schwarzen Sprenkel auf den Rückenschildern entsteht ein ähnliches Zeichnungsmuster wie bei *Homopus signatus signatus*. Der Bauchpanzer ist wie bei der Nominatform elfenbeinfarben und gesprenkelt, jedoch können die Spitzen der Kehl- und Armschilder rosa oder rot gefärbt sein. Die Weichteile sind im Regelfall elfenbeingrau oder blaßgelb, nur manchmal weisen sie eine rötliche oder orange Färbung auf.
Biologie, Haltung und Zucht: In ihrem natürlichen Habitat sind die beiden Unterarten durch ihre Ähnlichkeit mit kleinen Steinen so gut getarnt, daß sie auf freien Flächen nur schwer zu erkennen sind.
Ihre abgeflachte Panzerform ermöglicht es ihnen, in schmalen Felsspalten und unter Steinen Schutz zu suchen. In den frühen Morgenstunden tauchen die Landschildkröten aus ihren Verstecken auf, um sich in der Morgensonne aufzuwärmen. Es scheint, daß die Tiere während der kühleren Wintermonate am aktivsten sind.
Auch über diese *Homopus*-Art ist leider sehr wenig bekannt. Bei sachgemäßer und einer den natürlichen Umweltbedingungen angepaßten Pflege und Unterbringung ist *Homopus signatus* durchaus gut im Terrarium zu halten. Das Paarungsverhalten wurde vom Südwinter bis in den Hochsommer,

etwa in den Monaten Juni bis Februar (*Homopus signatus signatus*) und nur am Ende des Winters, im August, (*Homopus signatus cafer*) beobachtet.
Die Produktivität dieser Art ist sehr gering. Die Weibchen scheinen immer zwei Eier zu legen. Ein im Zoo von Fresno gepflegtes Exemplar legte in jedem Sommer nur ein einzelnes Ei.
Die Art ist in der Natur in ihrem Bestand nicht bedroht.

Futter: Wie auch bei den anderen *Homopus*-Arten sind genaue Angaben über die Ernährungsweise der Tiere in ihren natürlichen Lebensräumen nicht bekannt. Es ist jedoch davon auszugehen, daß sie dort von den verschiedenen Gräsern, Wildkräutern und sukkulenten Pflanzen leben. Im Terrarium nehmen die kleinen Schildkröten nahezu alle üblichen Futterpflanzen als Nahrung zu sich.

Indotestudo LINDHOLM, 1929

Die in Südostasien vorkommende Landschildkrötengattung *Indotestudo* umfaßt nur 2 Arten. Der Panzer dieser Gattung weist eine ausgesprochen längliche Form auf. Hellere Zentren mit unregelmäßigen dunklen Flecken sind die charakteristische Zeichnung der Rückenschilder beider *Indotestudo*-Arten.

Indotestudo elongata (BLYTH, 1853)
Gelbkopf-Landschildkröte

Verbreitung: *Indotestudo elongata* bewohnt den Nordosten Indiens, Nepal, Bangladesh, Burma, Thailand, Laos, Kambodscha, Malaysia und die autonome Republik Guangxi in China.
Lebensraum: Immergrüne, laubabwerfende tropische Wälder in gebirgigen Regionen bilden den Lebensraum von *Indotestudo elongata*. Obgleich sie kühle und feuchte Gebiete bevorzugt, erträgt sie auch höhere Temperaturen.

Größe: Bei der Gelbkopf-Landschildkröte handelt es sich um eine mittelgroße Art, deren Carapax eine Länge von 32 cm erreichen kann. Die Männchen übertreffen die Weibchen noch leicht in ihrer Größe.
Kennzeichen: Der Rückenpanzer ist relativ stark gewölbt und länglich. Die hinteren Randschilder sind bei adulten Tieren nur leicht und bei Jungtieren stärker gesägt, das Nackenschild ist

Indotestudo elongata

Die aus Südostasien stammende Gelbkopf-Landschildkröte bewohnt die tropischen Wälder der Gebirgsregionen.

Foto: W. Großmann

vorhanden. Auf den gelben Rückenschildern befinden sich ungeordnete schwarze Flecken. Der Plastron ist gelb, und jedes Schild ist mit dunklen verstreuten Zeichnungen versehen. Der deutsche Trivialname Gelbkopf-Landschildkröte wurde der Art aufgrund ihrer hellgelben, grüngelben oder cremefarbenen Kopffärbung gegeben. Die übrigen Gliedmaßen sind dunkelbraun gefärbt und mit vergrößerten gelben bis hellbraunen Schuppen versehen. Während der Paarungszeit weist die Haut um die Augen und die Nasenlöcher herum eine rosa Färbung auf.

Biologie, Haltung und Zucht: Obwohl die Tiere früher auch in größeren Stückzahlen im Handel zu bekommen waren, gibt es kaum Berichte über erfolgreiche und regelmäßige Nachzuchten. Diese gelangen bisher anscheinend nur vereinzelt.

Als Terrarientier hat sich die Gelbkopf-Landschildkröte nur dann als relativ problemlos erwiesen, wenn ihr, entsprechend ihrem natürlichen Habitat, ein feuchtes und mildes Klima geboten wurde. Da sie keine hohen Temperaturansprüche stellt, sollte sie in unseren Regionen im Sommer in einer Gartenanlage gepflegt werden. Wichtig ist nur, daß das Freilandgehege eine geräumige, möglichst in einen Hügel eingearbeitete Schutzhöhle mit einem kühleren und leicht feuchten Klima besitzt, in die sich die Schildkröten bei zu hohen Temperaturen zurückziehen können. Im Herbst fängt man die Gelbkopf-Landschildkröten wieder aus der Anlage heraus und pflegt sie bis zum nächsten Sommer in einem geräumigen Zimmerterrarium. Da die Schildkröten eine etwas höhere relative Luftfeuchtigkeit benötigen und am liebsten milden Temperaturen von tagsüber 25°C ausgesetzt sein wollen, sollte der Behälter mit einer schwachen Bodenheizung erwärmt werden. Natürlich dürfen einige größere Strahler, die die Temperaturen lokal bis auf 35–40°C erwärmen, nicht fehlen.

Der Bodengrund muß aus lockerem, nicht zur Verdichtung neigendem Substrat gebildet werden (Erde mit Tonanteil, Torf, Laub oder Lauberde). Wie auch in der Freilandanlage gehören im Terrarium ähnliche Versteckmöglichkeiten zur Einrichtung.

Da die Tiere einen starken Bewegungsdrang haben, sollte das Gehege entsprechend großzügig angelegt werden. Nur unter diesen Bedingungen ist eine erfolgreiche Zucht möglich.

Da die Männchen sehr aggressiv und untereinander absolut unverträglich sind, empfiehlt sich nur die paarweise Pflege dieser Art. Fast das ganze Jahr über sind die Männchen paarungsbereit und bedrängen die Weibchen von morgens bis abends. Dies erfolgt in der für Landschildkröten üblichen Weise durch Rammen und Bisse in die Extremitäten. Nahezu das ganze Jahr über kann man auch Kopulationen beobachten.

Sobald man bemerkt, daß das Weibchen nach einem Eiablageplatz Ausschau hält, sollte das Männchen aus dem Terrarium entfernt werden. Das Weibchen hebt dann eine bis zu 20 cm tiefe Nesthöhle aus, in die sie ihre zwei bis fünf fast hühnereigroßen Eier ablegt. Diese müssen sofort entnommen und in einen Brutbehälter überführt werden. Bei Zeitigungstemperaturen von ca. 28°C und einer hohen relativen Luftfeuchtigkeit schlüpfen die ca. fünf cm großen Jungtiere nach etwa 120 Tagen. Die Schlüpflinge haben eine hellbeige Färbung, und ihre hinteren Randschilder sind stark gezähnt.

Genauere Daten über das Eiablageverhalten liegen nur aus dem Zoo von Minnesota vor, von wo berichtet wird, daß die Weibchen von *Indotestudo elongata* während des ganzes Jahres über Eier legen können, verstärkt aber in den Monaten Oktober bis Januar. Die Inkubationszeit lag zwischen 96 und 146 Tagen bei einer Zeitigungstemperatur von 26–30°C.

Futter: Im Terrarium gehaltene Tiere fressen, wie die meisten anderen Landschildkrötenarten auch, Grünfutter und verschiedenes Obst sowie Gemüse. Gerne nehmen sie auch tierische Kost, zum Beispiel Schnecken, Regenwürmer, Fisch und Rindfleisch zu sich.

Indotestudo forstenii (SCHLEGEL & MÜLLER, 1844)
Transvancore-Landschildkröte / Celebes-Landschildkröte

Verbreitung: Das Verbreitungsgebiet von *Indotestudo forstenii* erstreckt sich von Indien (Westghats/Kerala) bis nach Indonesien (Sulawesi=Celebes) und die Halmahera-Inseln. Die Population auf Sulawesi stammt wahrscheinlich aus von Indien eingeführten Tieren ab.
Lebensraum: Diese Art findet man in feuchten, immergrünen und teilweise laubabwerfenden Wäldern meist in Höhenlagen ab 450 m.
Größe: Der Rückenpanzer kann eine maximale Gesamtlänge von 30,9 cm aufweisen.
Kennzeichen: Im Gegensatz zu *Indotestudo elongata* besitzt *Indotestudo forstenii* einen nur leicht gewölbten und nicht ganz so länglichen Rückenpanzer. Ferner kann man diese Art leicht durch das Fehlen des Nackenschildes von der vorigen Art unterscheiden. Die Färbung ist insgesamt dunkler als bei der Gelbkopf-Landschildkröte. Die schwarzen Flecken auf den Carapaxschildern sind unregelmäßig und groß. Der gelbe Plastron weist ebenfalls schwarze Flecken auf, wobei die auf den Bauchschildern befindlichen Flecken wesentlich größer und auffälliger sind. Der Kopf und die Gliedmaßen sind braun und von großen, gelben Schuppen bedeckt. Auch bei dieser Art färbt sich die Haut während der Paarungszeit um die Augen und Nasenlöcher rosa. Die Schwänze der Männchen sind deutlich länger und dicker als die der Weibchen.
Biologie, Haltung und Zucht: Die Haltungsbedingungen entsprechen denen von *Indotestudo elongata*, da beide Arten ähnliche Lebensräume bewohnen. Die Fortpflanzungszeit liegt offensichtlich zwischen November und Januar. Es ist bisher noch nichts Näheres über die Fortpflanzungsbiologie bekannt.
Futter: In freier Natur ernähren die Tiere sich hauptsächlich von pflanzlicher Kost (z.B. Bambussprossen, herabgefallene Früchte, Blüten und Pilze). Im Terrarium gehaltene Tiere nehmen gelegentlich auch tierische Nahrung zu sich.

Kinixys
BELL, 1827
Gelenkschildkröten

Die Arten der Gattung *Kinixys* sind die einzigen rezenten Landschildkröten, die ein bewegliches Scharnier am Rückenpanzer besitzen. Es ermöglicht ihnen, den hinteren Carapaxabschnitt über die Hinterbeine abzusenken. Dieses morphologische Merkmal bildet sich aber erst bei den heranwachsenden Tieren aus. Vereinzelt wurden auch Exemplare gefunden, bei denen diese Scharniere fehlten.

Die Arten besitzen einen langen Schädel, dessen Oberkiefer einen Haken aufweist. Ihre Gliedmaßen sind nicht so keulenförmig wie die anderer Landschildkrötenarten. Typisch ist ihre hoch gestreckte Gangart, die die Tiere teilweise wie auf Stelzen gehen läßt.

Das Verbreitungsgebiet dieser Gattung erstreckt sich über weite Teile West-, Zentral- und Südafrikas. Von der auf Madagaskar vorkommenden *Kinixys belliana zombensis* wird angenommen, daß sie durch den Menschen eingeführt worden ist.

Insgesamt kann man zum Nahrungsspektrum dieser Gattung sagen, daß sie sich teilweise eher carnivor, das heißt von fleischlicher Kost ernährt. Die Gattung *Kinixys* umfaßt vier Arten, wobei bei einer Art bis jetzt fünf Unterarten anerkannt werden (nach IVERSON, 1992). Jedoch ist ihre Aufgliederung in Unterarten noch nicht vollständig geklärt, und weitere Untersuchungen sind erforderlich.

Kinixys belliana GRAY, 1831
Glattrand-Gelenkschildkröte

Verbreitung: Die Art bewohnt ein riesiges Verbreitungsgebiet, das sich fast über ganz Afrika südlich der Sahara erstreckt. Die bisher anerkannten fünf Unterarten findet man in folgenden Gebieten:

Kinixys belliana belliana GRAY, 1831: Die Nominatform ist in Ostafrika weit verbreitet, ihr Lebensraum erstreckt sich von Nordostzaire, Uganda und Westkenia bis Äthiopien und Somalia.

Kinixys belliana lobatsiana POWER (1927): Diese Unterart findet man vom Nordosten Südafrikas bis zum Südosten von Botswana.

Kinixys belliana

Von *Kinixys belliana* werden fünf Unterarten anerkannt:

Kinixys belliana lobatsiana (links).
Foto: W.D. Haacke
Kinixys belliana belliana (unten).
Foto: W.D. Haacke
Kinixys belliana zombensis (rechte Seite oben links). Foto: W. Schmidt
Kinixys belliana spekii (rechte Seite, oben rechts). Foto: W.D. Haacke
Kinixys belliana nogueyi (rechte Seite, unten).
Foto: W. Schmidt

Kinixys belliana

Kinixys belliana nogueyi (LATASTE 1886): Der Lebensraum dieser Form erstreckt sich über den Westen Afrikas, etwa vom Senegal bis Kamerun sowie über weite Teile in Zentralafrika.

Kinixys belliana spekii GRAY (1863): Von Südkenia aus bis zum nördlichen Südafrika und Swasiland, westlich bis nach Zaire, Sambia und zum nördlichen Botswana findet man diese Unterart. Einige Autoren sehen in ihr sogar eine echte Art, da sie teilweise sympatrisch neben *Kinixys belliana belliana* vorkommen soll.

Kinixys belliana zombensis HEWITT (1931): Der Nordosten Tansanias südwärts bis zum Zululand (Mozambique) ist die Heimat von *Kinixys belliana zombensis*. Die im Norden Madagaskars vorkommenden Populationen sind vermutlich von hier eingeführt worden. Sie werden daher auch zu dieser Unterart gezählt.

Lebensraum: Den Lebensraum von *Kinixys belliana* kennzeichnen Savannen sowie trockenes Busch- und Grasland. Das Klima in diesen eher ariden Steppenregionen wird durch ausgeprägte Regen- und Trockenzeiten gekennzeichnet. Während des heißen und trockenen Sommers legen die Schildkröten eine Art Sommerruhe ein.

Größe: Bei den größten bisher gefundenen Tieren handelt es sich um Exemplare der Unterart *Kinixys belliana zombensis* (Zululand). Das Männchen wies eine Carapaxlänge von 20,6 cm auf und das Weibchen maß 21,7 cm.

Kennzeichen: Der längliche Rückenpanzer ist leicht gewölbt, der hintere Teil und die Flanken weisen eine steil abfallende Form auf. Die hinteren Randschilder sind nur leicht gesägt, das Schwanzschild ist ungeteilt. Die Grundfarbe des Rückenpanzers ist braun in verschiedenen Tönungen, die einzelnen Schilder sind mehr oder weniger dunkel umrandet. Bei einigen Exemplaren findet man ein Zeichenmuster auf den Carapaxschildern, das sehr variabel sein kann.

Der Plastron kann einfarbig gelb oder mit einem dunklen Muster versehen sein. Beine und Schwanz sind gräulichbraun gefärbt. Die Farbe des Kopfes kann von gelb bis braun variieren. Der Oberkiefer ist hakenförmig abgebogen. *Kinixys belliana* muß als eine äußerst variable Art gelten. Kaum ein Tier gleicht dem anderen.

Die einzige wirklich sicher und auch leicht zu identifizierende Unterart ist *Kinixys belliana nogueyi*. Sie unterscheidet sich von den anderen Arten dadurch, daß sie nur vier Zehen an jedem Vorderfuß besitzt.

Daher ist auch der folgende „Unterscheidungsschlüssel" nur als Hinweis auf einige Faktoren zu sehen. Genaue Fundortangaben sind gerade bei dieser Art unerläßlich:

Kinixys belliana belliana: Der Rückenpanzer ist mäßig konvex oder leicht abgeflacht. Die Färbung variiert von gelblichbraun über olivbraun bis zu einem rötlichen Braunton. Die

Areolen sind meist dunkelbraun und gelblich abgesetzt, der Bauchpanzer ist oft einfach hornfarbig.

Kinixys belliana lobatsiana: Die Unterart besitzt einen gelbbraunen bis matt gelben Rückenpanzer. Die Areolen sind braun und mit einem unregelmäßigen Strahlenmuster durchzogen. Auch ihr Panzer hat eine leicht konvexe Form. Die maximale Länge beträgt 16,7 cm.

Kinixys belliana nogueyi: Diese Form läßt sich vor allem anhand ihrer nur vier Zehen an jedem Vorderfuß von den anderen Unterarten unterscheiden. Bei dieser Unterart ist der Panzer häufig schwarz gefleckt.

Kinixys belliana spekii: Ihr Rückenpanzer ist ingesamt gedrungener und flacher als der der anderen Formen. Der Faktor für das Verhältnis Länge zu Höhe beträgt bis 2,93. Die Färbung besteht aus einem Gelbton mit olivbraunen oder gelbbraunen Areolen. Dieses Muster kann später verblassen. Auch von dieser Unterart sind Tiere mit nur vier Krallen an den Vorderfüßen gefunden worden.

Kinixys belliana zombensis: Auffallendes Kennzeichen dieser kleinen Unterart ist das breite schwarze, radiale Muster auf jedem Rückenschild. Dieses Muster kann aber mit zunehmendem Alter verblassen.

Biologie, Haltung und Zucht: Die Aktivitätszeiten von *Kinixys belliana* sind stark von den klimatischen Gegebenheiten des Verbreitungsgebietes geprägt. Die Tiere begeben sich nur während der frühen Morgenstunden und am Abend, wenn die Temperaturen wieder niedrig sind, auf Nahrungssuche und bleiben während der heißesten Zeit des Tages in ihren Verstecken. In der Trokkenzeit halten sie in verlassenen Termitenhügeln oder Säugetierbauten eine Sommerruhe. Auch fand man einzelne Schildkröten, die sich in ausgetrockneten Flußbetten im Schlamm oder unter Baumwurzeln eingegraben hatten.

Mit Einsetzen der Regenzeit werden die Schildkröten wieder aktiv. Während dieser Zeit beginnen auch die Kämpfe der Männchen. Sie rammen sich gegenseitig so lange, bis der Schwächere auf dem Rücken liegt oder wegläuft. Ist ein Weibchen in der Nähe, versucht sich das stärkste Männchen mit diesem zu paaren. Im südlichen Verbreitungsgebiet wurden Eiablagen von November bis April beobachtet. Durchschnittlich besteht jedes Gelege aus zwei bis vier Eiern. Aus bei 25–30°C gezeitigten Eiern schlüpften nach 123 Tagen die ersten Jungtiere.

Die Haltung dieser Schildkrötenart bereitet kaum Probleme, vorausgesetzt, man bietet den Tieren ein geräumiges Terrarium, ausgestattet mit einem Flachwasserbecken, zahlreichen Versteckmöglichkeiten und einer guten Beleuchtung.

Im Sommer sollten die Temperaturen tagsüber 25–30°C und in der Nacht 20–25°C betragen. Die relative Luftfeuchtigkeit wird in dieser Jahreszeit durch tägliches Übersprühen der Terrarieneinrichtung relativ hoch gehalten, was die Aktivität der Tiere sichtlich fördert.

Im Winter sollte den Tieren bei Tagestemperaturen um 20–23°C und einer Nachtabsenkung auf ca. 18°C eine Ruhephase gegönnt werden. Die Dauer und Intensität der Beleuchtung können jetzt niedriger gehalten werden. Während dieser Zeit kommen die Tiere nur noch gelegentlich aus ihren Verstecken hervor und nehmen auch nur wenig Nahrung zu sich. Während der Ruhephase sollte *Kinixys belliana* nicht zu feucht gehalten werden. Mit Beginn der Aktivitätszeit nehmen die Schildkröten ausgiebige Sonnenbäder, und die Männchen unternehmen die ersten Paarungsversuche. Auch bei dieser Art versuchen die Männchen durch heftige Rammstöße, die Weibchen zur Paarung zu verleiten. Nicht paarungsbereite Weibchen halten jedoch einfach ihren Carapax geschlossen. Nur wenn das Weibchen paarungsbereit ist, öffnet es den Panzer nach einer kurzen Balz bis auf das Äußerste. Dabei hält es die Hintergliedmaßen ausgestreckt, während die Vorderfüße eingeknickt werden. Nun kann das Männchen von hinten aufreiten und unter lautstarken Tönen die 10 bis 15 Minuten lange Kopulation vollziehen. Etwa 80 und 120 Tage später wird jeweils ein aus 2 bis 4 Eiern bestehendes Gelege abgesetzt. Die Eier müssen wie üblich im Brutbehälter bei 28–30°C gezeitigt werden. Unter diesen Bedingungen schlüpfen die ca. 48 mm großen Nachzuchten nach ca. 5 Monaten.

Die Aufzucht sollte in einem kleinen separaten Terrarium erfolgen. Die Einrichtung kann aus feinem Kies als Bodengrund, einigen Moospartien, einem flachen Bade- und Trinkbehälter sowie einigen Rindenstücken als Versteckmöglichkeiten gebildet werden. Während der ersten zwei Lebensjahre bevorzugen die Schildkröten tierische Nahrung. Diese kann aus Dosenhundefutter und Mehlwürmern bestehen. Daneben erhalten sie aber noch Babynahrung aus verschiedenen Gemüsesorten. Mindestens einmal am Tag sollte der Behälter überbraust werden. Da dies die Aktivität der Tiere steigert, werden sie anschließend gefüttert.

Futter: Individuell recht unterschiedlich gehen die Landschildkröten mit mehr oder weniger Begeisterung an das verschiedenste Futter wie zum Beispiel Obst, Gemüse, Blüten und Blätter von Wiesenkräutern, Dosenfutter, gekochtes Ei, Insekten, Schnecken, aber auch frisch abgetötete nestjunge Mäuse.

Kinixys erosa (SCHWEIGGER, 1812)
Stachelrand-Gelenkschildkröte

Verbreitung: Das Verbreitungsgebiet erstreckt sich von Gambia aus ostwärts bis nach Zaire und Uganda.

Lebensraum: *Kinixys erosa* bewohnt die feuchten, sumpfigen, immergrünen Wälder Ostafrikas. Diese Landschild-

Kinixys erosa

Die Stachelrand-Gelenkschildkröte ist stark an feuchte Biotope gebunden. Foto: W. Häfeli

kröte findet man besonders häufig an und sogar in Flüssen. Wenn man sich ihre tapsigen Beine anschaut, wird einem klar, daß sie sicher kein sehr eleganter Schwimmer ist, doch geht sie sogar im Wasser tauchend (auf dem Boden) auf Nahrungssuche.

Größe: Ein Männchen mit einer Carapaxlänge von 32,3 cm wurde in Banalia (Zaire) gefunden. Das bisher größte Weibchen mit einer Rückenpanzerlänge von 26 cm stammte aus der Sierra Leone. *Kinixys erosa* zählt somit zu den größten *Kinixys*-Arten.

Kennzeichen: Der längliche Rückenpanzer ist leicht gewölbt und in der Regel dunkelbraun gefärbt. Die Rückenschilder sind dunkel umrandet und haben oft einen dunklen, fast schwarzen Mittelpunkt. Gelegentlich zieht sich ein helles Band um die Rippenschilder. Die vorderen und hinteren Randschilder sind stark gesägt, die Kehl- und Nakkenschilder ein wenig verlängert.

Der Bauchpanzer weist ebenfalls eine dunkelbraune, teilweise mit hellen Flecken versehene Färbung auf. Die Stirnschilder des braunen Kopfes sind

häufig leuchtend gelb gefärbt. Beine und Schwanz sind einfarbig braun.
An dem konkav geformten Plastron, dem längeren und dickeren Schwanz sowie dem stark verlängerten Kehlschild der Männchen kann man die Geschlechter leicht voneinander unterscheiden.

Biologie, Haltung und Zucht: Es ist nur sehr wenig über die Fortpflanzungsbiologie dieser Tiere bekannt. Als Anhaltspunkt für die Zucht mag ein in einer Freilandanlage in Zaire gepflegtes Weibchen gelten, das im November vier Eier legte. In diesem Gehege nähern sich die Männchen dem Weibchen bei der Balz von der Seite und schieben sie so weit, bis die Paarung unter zischenden Quietschlauten stattfinden kann. Einige Wochen später verbirgt das Weibchen ihr aus ca. 4 Eiern bestehendes Gelege im Erdreich und deckt es anschließend mit Laub ab. Die Jungtiere sind beim Schlupf gewöhnlich einfarbig braun und messen ca. 40 mm. In ihrem gesamten Verbreitungsgebiet steht *Kinixys erosa* bei der einheimischen Bevölkerung auf dem Speiseplan. Mit Hilfe von Hunden werden die Schildkröten aufgespürt und eingesammelt.

Auch diese Art ist neben dem Absammeln der Bestände zu Nahrungszwecken in erster Linie durch die fortschreitende Zerstörung ihres Lebensraumes, des tropischen Regenwaldes, gefährdet.

Futter: *Kinixys erosa* ist ein Allesfresser. Die Schildkröten fressen die verschiedensten Wildkräuter, Gemüse und Obst (zum Beispiel Salat, Gurke, Tomate, geschabte Möhre, Apfel, Birne, Banane), aber auch kleine Wirbellose und Aas.

Kinixys homeana BELL, 1827
Stutz-Gelenkschildkröte

Verbreitung: *Kinixys homeana* findet man von Liberia aus ostwärts bis nach Kamerun sowie im angrenzenden nordöstlichen Zaire.

Lebensraum: Diese Art bewohnt tropisch-feuchte, teilweise sogar sumpfige Regenwaldgebiete. Dabei werden jedoch Lichtungen und Randgebiete eindeutig bevorzugt. Gelegentlich findet man auch Exemplare auf Kulturflächen wie zum Beispiel Plantagen.

Größe: Ein in Ghana gefundenes Männchen wies eine Carapaxlänge von 21,1 cm auf. Das bisher größte Weibchen stammte aus Zorzor in Liberia. Die Carapaxlänge betrug 22,3 cm.

Kennzeichen: Der Rückenpanzer hat eine länglich gestreckte Form, ist kaum gewölbt und seitlich abgeflacht. Extrem steil fällt er hinten nach dem fünften Wirbelschild ab. Er wirkt daher wie gestutzt, weshalb *Kinixys homeana* der deutsche Trivialname Stutz-Gelenkschildkröte gegeben wurde. Die vorderen Randschilder sind stark verlängert. Bei den Jungtieren beginnt die Entwicklung des scharnierartigen Quergelenkes erst ab einem Alter von vier Wochen und ist selbst nach einem Jahr noch nicht funktionsfähig ausgebildet. Ebenfalls nur bei den Jungtieren ist der gesamte Panzerrand stark abgeflacht und rundum gezackt, während bei den erwachsenen Tieren nur noch der Panzerhinterrand gesägt ist. Das Nackenschild kann bei einzelnen Individuen fehlen.

In der Regel ist der Rückenpanzer hellbraun gefärbt, meist gemustert und mit dunkleren Flecken im Zentrum der Schilder versehen. Die nach außen zeigenden Ränder weisen in aller Regel eine schmale, hellere Kante auf.

Der Bauchpanzer ist einfarbig hellbraun. Die Färbung der Gliedmaßen und des Kopfes kann von gelblich bis braun, gelegentlich sogar bis fast schwarz variieren. Durch die relativ dünnen Beine wirkt ihre Gangart wie ein Laufen auf Stelzen.

Biologie, Haltung und Zucht: Bislang war über Lebensweise, Verhalten und Fortpflanzungsbiologie von *Kinixys homeana* nur sehr wenig bekannt. Die Haltung dieser Art im Terrarium gilt als äußerst schwierig.

Erstmals im Frühjahr 1991 gelang im Zoologischen Garten von Frankfurt die erfolgreiche Nachzucht. Die folgenden Informationen über diese Art beruhen fast ausschließlich auf Angaben von Herrn RUDOLF WICKER (mündliche Mitteilung) und einem Bericht von KORNMANN (1995), in dem die Aufzucht und Pflege der Jungtiere beschrieben wird.

Entsprechend ihrer Herkunft ist es unbedingt erforderlich, *Kinixys homeana* in einem Terrarium mit feuchtwarmem Klima zu pflegen. Eine Temperatur von 24–30°C mit verschiedenen Wärmezonen und eine relative Luftfeuchtigkeit von ca. 95% sollten auf jeden Fall eingehalten werden. Die Tiere dürfen auf keinen Fall längerfristig Temperaturen unter 20°C ausgesetzt werden. Die Stutz-Gelenkschildkröte liebt es ferner nicht, starken und hellen Lichtquellen (Strahlern) ungeschützt ausgesetzt zu sein. Aus diesem Grunde sollte die Beheizung des Terrariums immer mit Hilfe einer Bodenheizung erfolgen. Die Größe des Terrariums sollte für die Pflege eines Pärchens mindestens auf 150 x 80 cm ausgelegt werden.

Als Bodengrund verwendet man ein Gemisch aus Torf, grobem Sand und Laub, das immer leicht feucht gehalten werden muß. Die Tiere sind sehr lichtscheu und halten sich daher gerne verborgen, so daß man ihnen zu ihrem Wohlbefinden geeignete Versteckmöglichkeiten bieten muß. Da sich die Schildkröten gerne eingraben, können zum Beispiel eine aufgeschichtete hohe Laubschicht, ein hoher Bodengrund, aber auch Wurzeln, Strauchwerk, überhängende Pflanzen oder hohle Rindenstücke als Unterschlupf dienen. Außerdem muß im Terrarium eine große flache Wasserschale integriert werden, damit die Landschildkröten die Möglichkeit haben, jederzeit zu baden. Die Aktivitätszeit von *Kinixys homeana* be-

Kinixys homeana

***Kinixys homeana* bevorzugt sumpfige Lebensräume.** Foto: W. Schmidt

schränkt sich auf die Morgen- und Abendstunden. Während der übrigen Zeit des Tages hält sie sich versteckt.
Um die Paarungsbereitschaft hervorzurufen, sollten die Geschlechter außerhalb der Paarungszeit möglichst getrennt gehalten werden. Zur Paarung setzt man das Weibchen in das Terrarium des Männchens, woraufhin dieses nach einer oft nur kurzen Balz zur Tat schreitet. Nach der Paarung werden die Tiere wieder getrennt. Einige Wochen später vergräbt das Weibchen sein Gelege an einer feuchten Stelle im Terrarium. Die Eier werden entnommen und in einem Inkubator, gebettet in leicht feuchtem Perlite, gezeitigt. Bei einer Zeitigungstemperatur zwischen 27 und 32°C schlüpfen die kleinen Schildkrötenbabys nach etwa 119–127 Tagen. Bereits eine Woche nach dem Schlupf beginnen sie mit der Nahrungsaufnahme. In der freien Natur schlüpfen die Jungtiere zwischen Ende Mai und Ende August.
Im Gegensatz zu den adulten Gelenkschildkröten, die sich eher „träge" und scheu zeigen, sind die Jungtiere wesentlich länger aktiv und anderen Schildkröten gegenüber viel geselliger. Teilweise zeigen sie aber auch Aggressionen, zumindest wenn es um das Futter geht.
Futter: Im Zoo von Frankfurt konnte

bei erwachsenen *Kinixys homeana* das oft erwähnte „heikle Ernährungsverhalten" bestätigt werden. Den Tieren wurde Grünfutter, Obst und „Schildkrötenpudding" angeboten. Bei den Jungtieren erfolgte die erste Nahrungsaufnahme eine Woche nach dem Schlupf. Sie zeigten sich insgesamt bezüglich der Ernährung weniger schwierig als adulte Wildfänge. Zu Anfang nahmen die Schildkrötenbabys nur Futter an, das sich bewegte. Man nimmt an, daß die Tiere erst lernen müssen, bewegungslose Nahrung als solche zu erkennen. Bis zu einem Alter von etwa einem Jahr nehmen sie hauptsächlich tierische Kost zu sich. Danach fressen sie auch, allerdings nur sehr selten, süße Früchte und gelegentlich Kräuter. Ein auffälliges Trinkverhalten wurde von AUFFENBERG (1979), beobachtet. Wenn es regnet und die Tiere durstig sind, strecken sie ihre Hinterbeine voll aus und bleiben auf den Ellenbogen liegen, so daß das Regenwasser dann über den nun schräg nach vorne abgesenkten Rückenpanzer direkt in das Maul des Tieres fließt.

Kinixys natalensis HEWITT, 1935
Natal-Gelenkschildkröte

Verbreitung: Das Verbreitungsgebiet von *Kinixys natalensis* liegt im östlichen Südafrika, und zwar in der östlichen Transvaal- und Natalprovinz, in Swasiland und im angrenzenden Süden von Mozambique.
Lebensraum: *Kinixys natalensis* bewohnt trockene und felsige Regionen in Höhen von 300–1000 m. Die Vegetation innerhalb der Biotope ist gekennzeichnet durch dichtes Strauchwerk, buschartige Dornengewächse sowie durch Grasflächen.
Größe: Diese Art ist mit einer maximalen Carapaxlänge von 15,5 cm die kleinste Art ihrer Gattung.
Kennzeichen: Der längliche Rückenpanzer ist leicht gewölbt mit abschüssigen Flanken. Die hinteren Randschilder sind leicht aufgebogen und

Kinixys natalensis **bewohnt trockene Felsregionen.** Foto: R.E. Honegger

schwach gesägt. In der Regel ist das Schwanzschild geteilt. Die Zeichnung der Rückenschilder ist gelb bis orange mit einem dunklen Zentrum und einem dunkelbraunen Randsaum, der gelegentlich unterbrochen wird. Der Plastron besitzt Schilder mit einer symmetrischen dunklen Zeichnung, die ein gelbes Zentrum und eine helle Umrandung aufweist. Auf den beiden Bauchschildern befinden sich zwei auffallende schwarze Ringe. Charakteristisch für diese Art ist der dreispitzige Oberkiefer. Kopf, Gliedmaßen und Schwanz sind gelb bis braun gefärbt. Die Männchen haben einen konkaven Bauchpanzer und längere, dickere Schwänze als die Weibchen.

Biologie, Haltung und Zucht: Über diese *Kinixys*-Art ist nur recht wenig bekannt. In den Felshügeln des Lebombo-Gebietes (Swasiland) wurden Tiere während des Tages verborgen unter Steinen gefunden. Im Terrarium überwinterten Exemplare von *Kinixys natalensis* von Mai bis September. Das Paarungsverhalten konnte im Februar beobachtet werden.

In der Natur ist diese Art durch zunehmende Zerstörung und Veränderung ihrer Habitate bedroht. Viele Gebiete werden zu Ackerflächen und Forstkulturen umgewandelt. Außerdem wüten in den Verbreitungsgebieten von *Kinixys natalensis* fast regelmäßig unkontrollierte Buschbrände.

Futter: Die Art ernährt sich von den unterschiedlichsten Gräsern, Wildkräutern und den Sprößlingen zahlreicher sukkulenter Pflanzen.

Malacochersus LINDHOLM, 1929

Malacochersus ist eine monotypische Gattung aus der Familie der echten Landschildkröten, die nur im zentralen Ostafrika zu finden ist.

Malacochersus tornieri (SIEBENROCK, 1903)
Spaltenschildkröte

Verbreitung: Diese Art lebt in Kenia und Tansania. Das Verbreitungsgebiet erstreckt sich ganz grob über die ostafrikanische Savanne, etwa vom Samburu-Distrikt bis in den Süden von Zentral-Tansania, und von Busisis am Viktoria-See in südlicher Richtung bis nach Lindi am Indischen Ozean.

Lebensraum: *Malacochersus tornieri* bewohnt einzelne, meist isolierte Felsengebiete, die sich wie Inseln aus der afrikanischen Steppe hervorheben. Bei über 1000 m Höhe herrscht dort ein tropisches Klima mit teilweise enormen Tag-Nacht-Schwankungen. Die Tiere zwängen sich in tiefe Felsspalten, wo eine recht hohe relative Luftfeuchtigkeit von 70–84% herrscht. Außerdem sind die Temperaturen in den etwas kühleren Felsspalten ausgeglichener.

Größe: Das größte bisher gefundene Männchen stammte aus dem Kitni-Distrikt in Kenia und wies eine Carapaxlänge von 16,7 cm auf. Das größte Weibchen dieser Art maß 17,7 cm.

Kennzeichen: Der Carapax von *Malacochersus tornieri* ist extrem abgeflacht und nicht viel höher als drei bis vier Zentimeter. Durch eine spezielle Knochenstruktur sind die Hornschilder des Panzers weich und elastisch. Die gelben bis hellbraunen Rückenpanzerschilder besitzen helle Zentren und dunkle Ränder, deren Breite sehr variabel ist. Bei vielen Tieren werden die dunklen Ränder von gelben Strahlen durchkreuzt.

Der Bauchpanzer ist gelb und mit großen, dunkelbraunen Flecken versehen, die bei einigen Exemplaren unregelmäßige Strahlenmuster aufweisen. Die Seiten der Vorderbeine sind mit großen, sich überlappenden Schuppen bedeckt. Der Kopf, die Gliedmaßen und der Schwanz sind gelbbraun gefärbt.

Biologie, Haltung und Zucht: *Malacochersus tornieri* ist durch ihren recht eigentümlichen Körperbau hervorragend an das Leben in ihrem ungewöhnlichen Habitat angepaßt. Der sehr flache und biegsame Panzer ermöglicht es den Tieren, in tiefe Felsspalten vorzudringen, wo sie vor Feinden, einer niedrigen relativen Luftfeuchtigkeit, starker Sonneneinstrahlung und extremen Temperaturschwankungen geschützt, die meiste Zeit des Tages verbringen. Sie verlassen ihre steinige Behausung höchstens für drei bis vier Stunden am Tag, um in den Morgenstunden ein kurzes Sonnenbad zu nehmen und auf Nahrungssuche zu gehen. Teilweise zeigen die Schildkröten auch noch spät abends eine zweite Aktivitätsphase. Man geht davon aus, daß die Tiere in ihrem natürlichen Verbreitungsgebiet eine Art Sommerruhe halten.

Im Terrarium wird *Malacochersus tornieri* heute erfolgreich nachgezogen. Einige Züchter weisen darauf hin, daß es vorteilhaft ist, die Tiere außerhalb der Paarungszeit einzeln zu halten Das bedeutet aber nicht, daß *Malacochersus tornieri* bei entsprechend großen Terrarien nicht auch paarweise gepflegt werden kann. Wichtig ist, daß den Tieren ein Terrarium geboten wird, das der natürlichen Lebensweise dieser Art gerecht wird. Damit sich die Landschildkröten ausreichend bewegen können, sollte das Terrarium für ein Paar eine Mindestgröße von ca. L80xT80xH80 cm aufweisen. Dem besonderen Kletterbedürfnis der Tiere entsprechend, sind die Rückwand und die Seitenwände des Terrariums mit fest gemauerten, übereinander gestapelten Steinplatten zu gestalten. Dabei ist unbedingt darauf zu achten, daß unterschiedlich hohe Spalten entstehen, die so tief sein müs-

Malacochersus tornieri

Charakteristisch für die Spaltenschildkröte ist der stark abgeflachte Panzer.

Foto: W. Schmidt

sen, daß die Schildkröten sich darin verbergen können. Ferner sollte das Terrarium eine gemäßigte Temperatur und zumindest innerhalb der Verstecke eine hohe relative Luftfeuchtigkeit von etwa 70–80% aufweisen. Besonders am frühen Morgen müssen die Tiere die Möglichkeit haben, sich lokal unter einem Strahler aufzuheizen (ca. 45°C), um anschließend auf Nahrungssuche gehen zu können. Die Temperaturen sollten am Tag im Terrarium 25–28°C betragen und nachts auf 20°C, besser noch etwas weiter abfallen.

Paarungen konnten in den Monaten Januar und Februar beobachtet werden, die Eiablagen erfolgen im Juli oder August. Unter Terrarienbedingungen setzt man das Weibchen zur Paarung in das Terrarium des Männchens, sofern die Art nicht ohnehin schon paarweise gepflegt wird. Nach einer mehrmonatigen Trächtigkeit vergraben die Weibchen ihre Gelege im lockeren Erdreich. Diese umfassen meist ein bis zwei Eier. Pro Saison werden etwa sechs Eier abgelegt (WICKER, mündliche Mitteilung). Die Eier sollten aus dem Terrarium entnommen und, in Perlite oder ähnlichen Substraten gebettet, bei Temperaturen von 26–28°C gezeitigt werden. Die Inkubationszeit schwankt zwischen 113 und 221 Tagen. Die Entwicklung der Embryos ist vermutlich abhängig von der Feuchtigkeit des Zeitigungssubstrates. Je trockener die Eier gezeitigt werden, desto langsamer schreitet die Entwicklung fort, sie kann sogar zeitweise stagnieren (WICKER, mündliche Mitteilung). Trotzdem darf die Substratfeuchte nie zu hoch gewählt sein, eine ganz geringe Feuchte reicht völlig aus. Der Rückenpanzer der Jungtiere ist beim Schlupf rundlich und etwa vier Zentimeter lang. Nach zwei bis drei Tagen streckt sich der Körper der Jungtiere. Die Aufzucht erfolgt am besten einzeln in kleinen Aufzuchtterrarien.

Futter: *Malacochersus tornieri* ernährt sich hauptsächlich vegetarisch. In ihrem natürlichen Habitat frißt sie in erster Linie Gräser.

Im Terrarium nehmen die Tiere viel Grünfutter und gelegentlich auch Obst und Gemüse zu sich. Es ist darauf zu achten, daß den Schildkröten eine nicht zu reichhaltige Kost angeboten wird, die dem Nahrungsspektrum in ihrem natürlichen Habitat keinesfalls entsprechen würde. Es ist ausreichend, den Tieren zweimal pro Woche Wasser anzubieten.

Manouria
GRAY, 1852

Die Gattung *Manouria* umfaßt nur zwei in Südostasien vorkommende Arten. Bei *Manouria emys* werden zwei Unterarten anerkannt. Charakteristisch für diese Gattung ist das zweigeteilte Schwanzschild. Die Tiere gelten als die ursprünglichsten Landschildkröten.

Beide Arten sind dämmerungsaktiv und scheinen nicht sehr bewegungsfreudig zu sein. In ihrer Heimat werden die Tiere zur Medizin- und Lebensmittelgewinnung gefangen. Auch sind sie durch die immer weiter fortschreitende Vernichtung ihres Lebensraums gefährdet.

Beide Arten, im Bild *Manouria emys*, sind sehr versteckt lebende Schildkröten.
Foto: W. Großmann

Manouria emys (SCHLEGEL & MÜLLER, 1844)
Braune bzw. Schwarze Asiatische Landschildkröte　　　　Abb. S. 147

Verbreitung: *Manouria emys* wird in zwei Unterarten aufgesplittet, die folgende Regionen bewohnen:
Manouria emys emys (SCHLEGEL & MÜLLER, 1844): Das Verbreitungsgebiet der Braunen Asiatischen Landschildkröte erstreckt sich vom Süden Thailands durch Malaysia bis nach Sumatra und Borneo. Außerdem ist die Form noch auf anderen indonesischen Inseln zu finden.
Manouria emys phayrei (BLYTH, 1853): Diese Unterart bewohnt nur ein kleines Verbreitungsgebiet. Man findet die Schwarze Asiatische Landschildkröte in Zentral-Thailand, Burma und Indien (Assam-Region).
Lebensraum: Beide Unterarten sind Bewohner der tropischen Regenwälder in den Hochlandregionen der Monsungebiete. Der bevorzugte Aufenthaltsort sind feuchte Stellen, wie zum Beispiel Talsohlen, an denen sie sich vergraben oder unter Fallaub verborgen aufhalten. Die zahlreichen flachen Wasseransammlungen der Regenwälder nutzen die Tiere gerne und häufig zum Baden.
Größe: Mit einer Carapaxlänge von bis zu 60 cm ist die Unterart *Manouria emys phayrei* die größte im tropischen Asien vorkommende Landschildkröte. Die Nominatform *Manouria emys emys* bleibt mit einer Panzerlänge von 50 cm etwas kleiner.
Kennzeichen: Der Rückenpanzer ist oval gewölbt und weist abschüssige Flanken auf. Die vorderen und hinteren Randschilder sind aufgebogen und leicht gezähnt. Der Rückenpanzer von *Manouria emys emys* ist meist olivfarben bis braun. Hingegen weist der von *Manouria emys phayrei* einen tief dunkelbraunen bis schwarzen Farbton auf. Bei beiden Unterarten ist der Bauchpanzer gelblich gefärbt und besitzt gelegentlich eine angedeutete schwarze Zeichnung. Die Gliedmaßen sind dunkelbraun bis schwarz, ebenso der Kopf, der aber eine leicht bronzefarbene Pigmentierung aufweisen kann. Auf den Oberschenkeln befinden sich stark vergrößerte Hornkegel (Tuberkel).
Die Männchen erkennt man leicht an ihrem konkav geformten Bauchpanzer und dem längeren und dickeren Schwanz.
Biologie, Haltung und Zucht: Auch bei dieser Art ist die Nachzucht im Terrarium bereits mehrfach gelungen. Für die artgerechte Pflege ist es sehr wichtig, die Tiere in einer Umgebung zu halten, die eine hohe relative Luft- und Bodenfeuchtigkeit aufweist. Eine zu trockene Haltung kann bei diesen Schildkröten zum Tod führen. Grundtemperaturen von 20–24°C sind völlig ausreichend. Aufgrund ihrer versteckten, dämmerungsaktiven Lebensweise kann auf Strahlungswärme verzichtet werden. Der Bodengrund muß so tief sein, daß sich die Tiere bequem darin eingraben können. Vorteilhaft ist ein

Gemisch aus Humus, Torf und Laub. Niemals darf eine große und flache Wasserschale fehlen, in der den Landschildkröten täglich Frischwasser angeboten wird.

Bei dieser Art wurde ein interessantes Nestbauverhalten beobachtet. Nach der Eiablage scharren die Weibchen mit den Hinterbeinen voran einen großen Laubhügel um die Nestgrube auf, der einen Radius von annähernd vier Metern aufweisen kann. Bis zu drei Tagen sollen die Weibchen ihr Gelege bewachen (MC KEOWN, 1982).

Die Gelege, die im Zoo von Honululu abgelegt wurden, umfaßten 23–51 kugelrunde weiße Eier, deren Durchmesser 5,1–5,4 cm betrugen. Die Schlüpflinge wiesen eine Panzerlänge von durchschnittlich 6,3 cm auf.

Futter: Diese Art ernährt sich hauptsächlich vegetarisch, doch wird auch gerne tierische Nahrung angenommen.

Manouria impressa (GÜNTHER, 1882)

Verbreitung: Das Verbreitungsgebiet von *Manouria impressa* erstreckt sich über Burma, Malaysia, Vietnam und Südchina.

Lebensraum: Die Tiere bewohnen die feuchten Zonen tropischer Gebirgswälder. Im Gegensatz zu dem Habitat von *Manouria emys* gibt es im Lebensraum von *Manouria impressa* nur selten geeignete Wasseransammlungen, in denen die Landschildkröten baden können. Trotzdem ist auch hier eine relativ hohe Luftfeuchtigkeit vorherrschend.

Größe: Mit einer maximalen Größe von 31 cm zählt *Manouria impressa* zu den mittelgroßen Landschildkröten.

Kennzeichen: Der Rückenpanzer ist oval und oben abgeflacht. Alle Randschilder sind stark gezähnt, die hinteren etwas aufgebogen.

Die Farbe des Rückenpanzers ist gelblichbraun bis braun. Auf jedem der oft gelb umsäumten Schilder befindet sich ein großer, dunkler Fleck. Der Bauchpanzer ist gelblichbraun mit dunklen Nähten, gelegentlich tritt auch eine dunkle Maserung auf.

Im Gegensatz zu den Vorderbeinen, die fast schwarz sind und von großen zugespitzten und einander überlappenden Schuppen bedeckt werden, sind die Hinterbeine und der Schwanz braun. Auf jedem Oberschenkel befindet sich ein Hornkegel, und oftmals endet auch der Schwanz mit einer verhornten Schuppe. Der Kopf zeigt sich in einer gelblichen bis gelbbraunen Färbung.

Biologie, Haltung und Zucht: Aufgrund ihrer Seltenheit ist über die Biologie dieser Art wenig bekannt. Gelegentlich wurden Tiere im Terrarium gepflegt, doch gilt ihre Haltung insgesamt als schwierig, da sie sehr streßanfällig sind.

Vermutlich ist die Fortpflanzungszeit von *Manouria impressa* gekoppelt mit

Manouria impressa

Manouria impressa gilt als heikler Terrarienpflegling. Bei den abgebildeten Tieren handelt es sich um ein Männchen (o.) und ein Weibchen (u.). Fotos: W. Großmann

der Regenzeit in ihrem natürlichen Verbreitungsgebiet. Ein in Malaysia gefundenes Tier legte im März ein Gelege von 20 Eiern, ein anderes im Terrarium gehaltenes Weibchen legte zwischen dem 16. und 29. Mai 17 Eier.

Futter: Genaue Angaben über die Ernährungsweise von *Manouria impressa* liegen nicht vor. Es ist davon auszugehen, daß sich die Tiere in ihrem Verbreitungsgebiet wahrscheinlich überwiegend von Gräsern, Bambussprossen und Pflanzenknollen ernähren. Ein im Terrarium gepflegtes Tier ernährte sich ausschließlich von Bananen (WEISSINGER 1987).

Psammobates FITZINGER, 1835

Die nur in Südafrika vorkommende Gattung *Psammobates* umfaßt drei Arten. Von *Psammobates tentorius* sind drei Unterarten anerkannt. Charakteristische Merkmale dieser Gattung sind der gewölbte Rückenpanzer, die konisch gewölbten Zentren der Wirbelschilder und die paarigen Kehlschilder, die wesentlich länger als breit sind. Der Kopf ist kurz und besitzt einen Oberkieferhaken, die Kiefer weisen gezahnte Ränder auf. Insgesamt handelt es sich bei den Arten von *Psammobates* um farbenfroh gemusterte, kleinbleibende Schildkröten, deren genauere Systematik, besonders bei *Psammobates tentorius*, noch forschungsbedürftig ist.

Psammobates geometricus (LINNAEUS, 1758)
Geometrische Landschildkröte

Verbreitung: Die Verbreitung von *Psammobates geometricus* beschränkt sich auf nur wenige winzige Gebiete in der Kapprovinz von Südafrika. Man findet die Tiere im Bezirk Tulbagh, Paarl und Malmesbury. Vermutlich war diese Art früher weiter verbreitet, jedoch hat die Zerstörung ihres Lebensraumes dazu geführt, daß sie jetzt zu den stark gefährdeten Schildkrötenarten zählt.

Psammobates geometricus

Psammobates geometricus.
Foto: U. Koschnitzke

Lebensraum: Die sandigen Böden im Habitat von *Psammobates geometricus* sind sauer- und nährstoffarm. Die Vegetation dieser Gegenden besteht daher hauptsächlich aus Gräsern und niedrigen, trockenen Sträuchern. Winterregen verursachen ab Ende April oder Anfang Mai ein üppiges Pflanzenwachstum.

Größe: Es gibt auffällige Größenunterschiede zwischen den Männchen und Weibchen dieser Art. Während die Weibchen im Durchschnitt eine Carapaxlänge von 12,6 cm erreichen, werden die Männchen durchschnittlich nur 10,6 cm groß. Im Terrarium wuchs ein Männchen der Geometrischen Landschildkröte innerhalb von 19 Jahren um ca. 3 cm von 8,4 auf 11,3 cm und ein Weibchen innerhalb von 15 Jahren von 12,9 auf 13,7 cm.

Kennzeichen: Der Rückenpanzer von *Psammobates geometricus* ist hoch gewölbt, die Flanken fallen steil ab. Die oft pyramidenartig hervorgehobenen Zentren der Carapaxschilder sind von Wachstumsringen umgeben.

Auf jedem Rückenschild befindet sich ein gelbes Zentrum, von dem aus ebenso gefärbte Strahlen ausgehen. Die Grundfarbe des Carapaxes ist braun bis schwarz.

Auf der Brücke befindet sich nur ein Achselschild. Der Bauchpanzer ist gelb mit einigen braunen und schwarzen Flecken längs der Nähte.

Kopf und Gliedmaßen weisen eine dunkelbraune bis schwarze Färbung auf. An den Vorderbeinen befinden sich große, gelbe Schuppen, die sich aber nicht wie bei *Psammobates tentorius* überlappen. Die Hinterbeine weisen im Gegensatz zu den beiden anderen *Psammobates*-Arten keine vergrößerten Hornkegel (Tuberkelschuppen) auf. Die Männchen unterscheiden sich von den Weibchen durch einen konkaven Plastron und durch auffallend dickere und längere Schwänze.

Biologie, Haltung und Zucht: Außerhalb Südafrikas werden diese Tiere selten im Terrarium gepflegt. Die meisten folgenden Daten basieren auf Freilandbeobachtungen, die in einem eingezäunten Schutzgebiet gemacht wurden. Es wird angenommen, daß die Weibchen zwei bis acht Eier pro Jahr in den Monaten Januar und Februar legen. Schlüpflinge fand man in den Monaten April und Mai, also nach Beginn des Winterregens. Den Jungtieren wird dann der Schlupf im vom Regen aufgeweichten Boden erleichtert, und die einsetzende Keimung und Entwicklung verschiedener einjähriger Kräuter bietet ihnen außerdem optimale Nahrungsbedingungen.

Die Tiere werden vermutlich in einem Alter von fünf bis sieben Jahren geschlechtsreif.

Neben der Zerstörung des Lebensraumes von *Psammobates geometricus* durch den Menschen stellen auch die in ihrem Habitat verbreiteten Mungos eine zunehmende Gefahr dar, da sie sich als Nesträuber betätigen.

Futter: Es wurde beobachtet, daß Exemplare dieser Art Gräser, Seggengras, Crassula, Iris und Oxalis fraßen.

Psammobates oculiferus (KUHL, 1820)
Stachelrand-Landschildkröte

Verbreitung: Man findet diese Art in der Kalahari-Region der nördlichen Kapprovinz von Südafrika, in Botswana (dort jedoch nicht im Norden) und im angrenzenden Süden des Oranje-Freistaates, im östlichen Namibia und im nördlichen Transvaal.

Lebensraum: *Psammobates oculiferus* bewohnt trockene, sandige Graslandschaften und offene, mit Akazien bewachsene Savannen. Es fällt in diesen Gebieten nie mehr als 100 mm Niederschlag pro Jahr. Der Süden des Verbreitungsgebietes ist durch trockene und kalte Winter geprägt, im Norden ist es insgesamt wärmer, und es fällt in den Sommermonaten mäßig Regen.

Größe: Der Carapax von *Psammoba-*

Psammobates oculiferus

tes oculiferus kann eine Länge von 12–14 cm erreichen. Die Weibchen dieser Art werden größer als die Männchen.
Kennzeichen: Der Rückenpanzer von *Psammobates oculiferus* erreicht hinter der Mitte seine größte Breite und besitzt stark abschüssige Flanken. Die vorderen und hinteren Randschilder sind auffällig stark gezähnt, was der Art ihren deutschen Trivialnamen Stachelrand-Landschildkröte verliehen hat. Jedes Rückenschild wird von konzentrischen Wachstumsringen gesäumt, die Zentren haben aber keine konische Form.

Die Farbe des Rückenpanzers variiert von gelblichbraun bis lederbraun. Es befinden sich zahlreiche gelbe, dunkelbraune oder schwarze Strahlen auf jedem Schild. Bei älteren Tieren können diese Strahlen zwar verblassen, sie fehlen aber nie.

***Psammobates oculiferus* aus Botswana.**
Foto: W.D. Haacke

Die Schilder des Bauchpanzers haben gewöhnlich ein gelbes Zentrum, von dem aus dunkelbraune oder schwarze Strahlen verlaufen. Kopf und Hals sind braun gefärbt und zeigen eine gelbe Zeichnung, auch die Kiefer sind gelb. Vorder- und Hinterbeine sind braun gefärbt. Die Oberschenkel der Hinterbeine haben einen großen Hornkegel, der manchmal von kleineren Tuberkeln umgeben ist.

Biologie, Haltung und Zucht: Diese Art wird sehr selten im Terrarium gepflegt, so daß über ihre Fortpflanzungsbiologie nur wenig bekannt ist. Die Nachzuchterfolge resultierten aus Paarungen in den Monaten Juli, September, November und Dezember. Bei der Balz versucht das Männchen, das Weibchen abzudrängen, schiebt es regelrecht vor sich her, stößt gegen seinen Panzer und gibt dabei kurze, tiefe grunzende Laute von sich. Schlüpflinge findet man im März und April.

Futter: Man nimmt an, daß sich auch diese *Psammobates*-Art fast ausschließlich von Gräsern, Schilf und niedrigen Kräutern ernährt.

Psammobates tentorius (BELL, 1828)
Höckerschildkröte

Verbreitung: Die 3 Unterarten sind in folgenden Gebieten Südafrikas vertreten:

Psammobates tentorius tentorius (BELL, 1828): Diese Unterart findet man in der südlichen und östlichen Karoo-Region von Grahamstown bis Matjesfontein.

Psammobates tentorius trimeni BOULENGER (1886): *Psammobates tentorius trimeni* bewohnt die Küstenregionen Namibias. Die südliche Grenze des Verbreitungsgebietes reicht bis zur Lanmbert´s Bay.

Psammobates tentorius verroxii SMITH (1839): Das nördliche Karoo-Gebiet, das Buschmannland und das nördliche Namibia bilden die Heimat von *Psammobates tentorius verroxii*.

Lebensraum: *Psammobates tentorius* bewohnt verschiedene Habitate wie die Sandwüste, die Savanne, das Buschland und den Trockenwald. Man findet sie sowohl in der Ebene als auch auf Felsformationen.

Größe: Bei dem bisher größten gefundenen Tier handelte es sich um ein Weibchen, dessen Carapax 14,5 cm maß. Die Männchen bleiben meist kleiner als die Weibchen.

Kennzeichen: Der ovale, gewölbte Carapax weist steil abfallende Flanken auf. Jedes Schild hat ein konisches oder pyramidal erhöhtes Zentrum, das von Wachstumsringen umsäumt wird.

Die Farbe des Rückenpanzers variiert zwischen gelb, orange, rot oder gelblichbraun. Auf jedem Rückenschild befinden sich gelbe, braune oder schwar-

Psammobates tentorius

Foto: W.D. Haake

ze Strahlen. Auch der Bauchpanzer ist recht ansprechend gefärbt und zeigt sich in gelb bis orange mit einer dunklen Pigmentierung. Der Kopf, der Hals und die Gliedmaßen sind in der Regel gelblich bis graubraun oder rötlichbraun gefärbt. An den Oberschenkeln sitzen ein oder mehrere Hornkegel. Charakteristisch sind spornartige Schuppen an den Fersen, sowie große, sich überlappende Schuppen an den Vorderbeinen.

Im folgenden werden charakteristische Merkmale der einzelnen Unterarten beschrieben:

Psammobates tentorius tentorius: Der Plastron weist ein deutlich gezeichnetes Muster auf, das sich, von dunklen Zentren ausgehend, längs der Nähte ausdehnt. Die Zentren der Rückenschilder sind konisch erhöht. Pro Wirbelschild findet man 8–12 Strahlen, pro Bauchschild 12–14 und pro Randschild 3–4 Strahlen.

Psammobates tentorius trimeni: Die dunklen Mittelflecken des Bauchpanzers sind entweder mit gelben Strahlen versehen oder verbinden sich ineinandergreifend mit der Grundfarbe. Auch bei dieser Unterart zeigen die Zentren der Carapaxschilder eine konische Form. Auf jedem Rücken- und Bauchschild befinden sich vier bis acht Strahlen, auf jedem Randschild drei bis vier.

Psammobates tentorius verroxii: In der Regel weist der gelbe Plastron keine Musterung auf. Die gelegentlich auftretenden dunklen Flecken sind nach keinem erkennbaren Schema verteilt. Im Gegensatz zu den anderen beiden Unterarten sind die Zentren der Rückenschilder bei *Psammobates tentorius verroxii* abgeflacht statt konisch erhöht. Auf jedem Schild befinden sich fünf bis sechs Strahlen, durch deren besondere Anordnung ein augenfleckartiges Muster entsteht. Jedes Randschild hat ein bis drei Strahlen.

Biologie, Haltung und Zucht: Obwohl *Psammobates tentorius* weit verbreitet ist, ist nur wenig über diese Art bekannt. Ihre geringe Populationsdichte, ihr Vorkommen in einem von Menschen relativ unbewohnten Gebiet und ihre gute Tarnfärbung sind wahrscheinlich Gründe für die nur geringen Informationen, die es zu dieser Art gibt.

Während der Trockenzeit graben sich die Tiere im sandigen Boden unter niedrigen Büschen ein und kommen erst wieder nach heftigen Regenschauern zu Beginn der relativ kurzen Regenzeit hervor. Zur Nahrungsaufnahme erscheinen sie in den Morgen- und Abendstunden.

Zu ihren Feinden zählen kleinere fleischfressende Säugetiere, Adler, Krähen und sogar Strauße.

Die Paarungszeit liegt im Oktober und November. Eiablagen konnten von

Psammobates tentorius verroxii (o.).
Foto: W. Schmidt
Psammobates tentorius trimeni (u.).
Foto: W. Haacke

Psammobates tentorius

September bis Januar beobachtet werden. Mit ein bis drei Eiern sind die Gelege, aus denen die Jungtiere nach ungefähr 220 Tagen schlüpfen, recht klein.

Es gibt keinen Grund zu der Annahme, daß diese Art in ihrem Gesamtbestand bedroht ist. *Psammobates tentorius* ist eine in Südafrika durchaus häufig vorkommende Schildkrötenart.

Futter: Entsprechend ihrem Lebensraum ernähren sich die Tiere wahrscheinlich hauptsächlich von Sukkulenten und einjährigen Kräutern.

Pyxis
BELL, 1827

Die Gattung *Pyxis* ist mit zwei nur auf Madagaskar vorkommenden Arten vertreten, wovon von einer Art drei Unterarten anerkannt sind. Bei beiden Arten befindet sich am Bauchpanzer zwischen dem Arm- und Brustschild ein scharnierartiges Gelenk.

Pyxis arachnoides BELL, 1827
Spinnenschildkröte

Verbreitung: Von *Pyxis arachnoides* werden drei Unterarten anerkannt, die den Süden und Südwesten Madagaskars bewohnen.

Pyxis arachnoides arachnoides BELL (1827): Man findet diese Unterart in einem Gebiet von Tulear bis zum Manombo-Fluß im Norden und bis nach Soalara im Süden.

Pyxis arachnoides arachnoides
Foto: W. Schmidt

Pyxis arachnoides brygooi (VUILLEMIN & DOMERGUE, 1972): Diese Unterart lebt im Gebiet um Morombe.

Pyxis arachnoides oblonga GRAY (1869): Das Verbreitungsgebiet von *Pyxis arachnoides oblonga* erstreckt sich vom Linta-Fluß bis zum Anony-See und im Inland bis nach Tsihombe.

Lebensraum: *Pyxis arachnoides* bewohnt ausschließlich trockene oder halbtrockene Dornbusch- und Halbwüstengebiete, die mit Pflanzen aus der für Madagaskar endemischen Familie der Didiereaceen bewachsen sind. Die Durchschnittstemperaturen des Monats August liegen bei 19,9°C, die mittleren Temperaturen im Februar betragen 27,4°C. Innerhalb von ein oder zwei Monaten fällt der gesamte jährliche Niederschlag von ca. 500 mm.

Größe: *Pyxis arachnoides* kann eine Carapaxlänge von bis zu 15 cm erreichen und zählt somit zu den kleineren Landschildkrötenarten.

Kennzeichen: Der stark gewölbte Carapax ist länglich geformt, so daß die deutlich abschüssigen Seiten nahezu parallel verlaufen. Die hinteren Randschilder sind abwärts gebogen und nicht gesägt.

Jedes dunkelbraune bis schwarze Wirbel- und Rippenschild weist ein sternförmiges Muster auf, das von einem gelben Zentrum ausgeht. Die Streifen (in der Regel 6–8 pro Rückenschild, 4–6 pro Bauchschild) fallen oft unterschiedlich breit aus.

Die Grundfärbung des Bauchpanzers ist einfarbig gelb, oft mit einem dunklen Fleckenmuster versehen, das sich bei einigen Exemplaren sternförmig zusammensetzt.

Auf dem fast schwarzen Kopf befinden sich einzelne gelbe Flecken. Die gelbe Färbung zeigt sich auch an den Außenseiten der Beine, die Innenseiten sind dagegen einfarbig schwarz. Größere abgeflachte Horntuberkel sitzen auf den Oberschenkeln, und die Fersen weisen spornähnliche Schuppen auf.

Im folgenden werden die charakteristischen Merkmale der einzelnen Unterarten kurz beschrieben:

Pyxis arachnoides arachnoides: Der Plastron der Nominatform ist einheitlich gelb gefärbt. Die Unterart besitzt ein bewegliches Plastralscharnier.

Pyxis arachnoides brygooi: Das vordere Plastralscharnier ist bei dieser Form nicht beweglich wie bei den beiden anderen Unterarten. Die Schilder des Bauchpanzers sind nur zum Teil pigmentiert.

Pyxis arachnoides oblonga: Von der Nominatform unterscheidet sie sich am deutlichsten durch die Schilder des Bauchpanzers, die ein dunkles Fleckenmuster zeigen.

Biologie, Haltung und Zucht: Über die Lebensweise und das Fortpflanzungsverhalten ist nur wenig bekannt. Die Trockenzeit, die von Juni bis November andauern kann, verbringt diese Landschildkrötenart größtenteils eingegraben im Sandboden. Erst zu Beginn des Südsommers, wenn die Temperaturen nachts nicht mehr so stark abfallen, erwachen die Tiere wieder.

Pyxis arachnoides

Pyxis a. brygooi (o.). Foto: K. Liebel
Pyxis a. oblonga (u.) Foto: H. Simon

Die Hauptaktivitäts- und Fortpflanzungszeit beginnt jedoch erst mit dem Einsetzen der Regenzeit. Daten über die Eiablage in der Natur liegen nicht vor, doch kann man die frisch geschlüpften Babys von Februar bis Ende April finden. Entsprechend diesem Lebensrhythmus ist es recht schwierig, den Ansprüchen der Tiere im Terrarium gerecht zu werden, und so sind von den im Terrarium gepflegten *Pyxis arachnoides* bislang nur wenige Nachzuchterfolge bekanntgeworden.

Durch striktes Einhalten der Klimabedingungen gelang Herrn ZWARTEPOORTE (mündliche Mitteilung) die regelmäßige Nachzucht im Zoo Rotterdam. Das dort gepflegte Weibchen legt jährlich ein Ei, welches bei 30°C gezeitigt wird. Als Zeitigungssubstrat wurde leicht feuchtes, sehr grobes Vermiculite verwendet. Nach etwa sechs Monaten schlüpfte das Baby, das bei der weiteren Aufzucht keine Probleme bereitete.

Futter: Von im Terrarium gehaltenen Tieren weiß man, daß sie die für Landschildkröten übliche vegetarische Kost regelmäßig, jedoch nur in geringen Mengen zu sich nehmen. In der Natur ernähren sie sich von Gräsern und von den frischen Trieben sukkulenter Pflanzen.

Pyxis planicauda (GRANDIDIER, 1867)
(Synonym: *Acinixys planicauda*) Foto: W. Schmidt

Verbreitung: Bisher fand man Exemplare von *Pyxis planicauda* nur an der Südwestküste Madagaskars, etwa 20 km und 50 km nordöstlich von Morondava in den kleinen Restwäldern von Andranomena und Amborompotsy.

Lebensraum: *Pyxis planicauda* bewohnt trockene laubabwerfende Wald- und Buschregionen. Gekennzeichnet sind die Gebiete durch eine ausgeprägte Trockenzeit sowie durch eine etwa drei bis fünf Monate andauernde Regenzeit zwischen November und April. Beinahe die gesamte jährliche Niederschlagsmenge fällt in diesem Zeitraum, wodurch sich in den Wäldern zahlreiche Wasseransammlungen bilden, die von den Schildkröten gerne zum Baden und Trinken genutzt werden.

Erstaunlich ist die jährliche Temperaturverteilung. Im Januar, inmitten der Regenzeit, ist es mit einer durchschnittlichen Tagestemperatur von 27,7°C am wärmsten. Die niedrigsten Tagestemperaturwerte sind dagegen während der Trockenzeit zu messen. Der Juli weist hier mit 21°C den geringsten Wert auf.

Größe: *Pyxis planicauda* kann eine Carapaxlänge bis zu 13,7 cm erreichen.

Kennzeichen: Der oben etwas abgeflachte Rückenpanzer hat abschüssige, fast parallel verlaufende Flanken. Die hinteren Randschilder sind gezähnt und nach unten gebogen. Jedes Rücken- und Bauchschild weist eine hellbraune oder gelbe Mittelzone mit einem breiten dunkelbraunen bis schwarzen Saum auf. Gelbe Striche strahlen von der Mitte dieser Schilder bis über die dunklen Ränder hinweg. Gewöhnlich sind es vier bis neun Strahlen pro Rücken- und zwei bis vier Strahlen pro Bauchschild. Jedes Randschild ist dunkelbraun und mit einem gelben Strich versehen. Die Kopffärbung von *Pyxis planicauda* ist dunkelbraun bis schwarz und weist einige gelbe Flecken auf. Auch an den Oberseiten der Hinter- und Vorderbeine befinden sich auf nicht überlappenden Schuppen große gelbe Flecken. Der abgeflachte Schwanz besitzt eine auffällige nagelartige Endschuppe.

Biologie, Haltung und Zucht: Über die Biologie dieser Art ist bislang noch nicht viel bekannt. Die Tiere zeigen ihre Aktivitätsschwerpunkte besonders während und nach stärkeren Regenfällen. Nachts und innerhalb der Trockenzeit verbergen sie sich in der Laubschicht der Wälder. Auffällig ist, daß die Schildkröten niemals in der Nähe von Flüssen oder Teichen gefunden wurden.

Trotz zahlreicher eingeleiteter Schutzmaßnahmen durch die madagassische Regierung ist die Art stark in ihrem Bestand bedroht. Besonders Brandrodungen, die mittlerweile schon die größten Waldgebiete Madagaskars vernichtet haben, gefährden das stark begrenzte Verbreitungsgebiet von *Pyxis planicauda*.

Futter: Wahrscheinlich ernährt sich diese kleine Landschildkröte von der üblichen vegetarischen Kost.

Testudo
LINNAEUS, 1758

Das Verbreitungsgebiet der Gattung *Testudo* beschränkt sich auf Südeuropa, Nordafrika und Südwestasien. Die Gattung besteht aus 5 Arten mit 11 Unterarten, bei denen es sich durchweg um kleine bis mittelgroße Landschildkröten handelt. Viele dieser Formen werden häufig gepflegt und auch erfolgreich nachgezogen.

Obwohl die einzelnen Arten meist untereinander verträglich sind, muß von einer gemeinsamen Haltung in einem Gehege abgeraten werden, da bei einigen Arten schon Bastardisierungen aufgetreten sind (z.B. *Testudo hermanni boettgeri* mit *Testudo horsfieldii* und *Testudo graeca* mit *Testudo marginata*).

Charakteristisch für vier von fünf Arten dieser Gattung ist das zwischen dem Bauch- und Schenkelschild sitzende, nur schwach entwickelte Plastralscharnier. Man findet dieses jedoch beinahe ausschließlich bei adulten Tieren.

Testudo graeca LINNAEUS, 1758
Maurische Landschildkröte

Verbreitung: Die Art besitzt ein riesiges Verbreitungsgebiet. Die bisher anerkannten sechs Unterarten verteilen sich dabei auf folgende Gebiete:

Testudo graeca graeca LINNAEUS (1758): Die Verbreitungsgebiete der Nominatform liegen in Spanien, Marokko, Algerien, Tunesien und Libyen.

Testudo graeca anamurensis WEISSINGER (1987): Diese Unterart ist nur an der Südküste der Türkei zu finden.

Testudo graeca ibera PALLAS (1814): *Testudo graeca ibera* findet man in Griechenland, Rumänien, Bulgarien, in der Türkei, in den transkaukasischen Teilen Rußlands und in Zentraliran.

Testudo graeca nikolskii CHKKIKVADZE & TUNIJEV (1986): Die nordwestliche Kaukasusregion von Rußland ist die Heimat von *Testudo graeca nikolskii*.

Testudo graeca terrestris FORSSKAL (1775): Diese kleinwüchsige Unterart wird nur in Kleinasien (Syrien, Israel und auf der Sinai-Halbinsel) gefunden.

Testudo graeca zarudnyi NIKOLSKY (1896): Das Verbreitungsgebiet dieser Unterart beschränkt sich auf den östlichen und südlichen Iran.

Lebensraum: Aufgrund der weiten Verbreitung der einzelnen Unterarten wird von ihnen meist eine Vielzahl unterschiedlicher Habitate und Klimazonen bewohnt.

Testudo graeca

***Testudo graeca graeca*, die Maurische Landschildkröte.** Foto: W. Schmidt

In der Regel besteht der Lebensraum der Maurischen Landschildkröten aus trockenen, sandigen, mit Gras bewachsenen Sanddünen, sowie aus Dornbuschgebieten, ariden Steppengebieten oder aus Eichen- und Pinienwäldern. Besonders auffällig sind die deutlichen Unterschiede in der Höhenverteilung der Habitate. Die westliche Nominatform lebt noch in Höhen von etwa 1000 m. Im Atlasgebirge fand man sogar Exemplare in 1900 m Höhe. Die asiatischen Rassen kommen gewöhnlich in Höhen von 1000–2000 m vor; man fand sogar ein Exemplar von *Testudo graeca zarudnyi* in einer Höhe von 2700 m.

Größe: *Testudo graeca* kann eine maximale Carapaxlänge von 30 cm erreichen, wobei zwei der Unterarten mit einer Länge von höchstens 20 cm wesentlich kleiner bleiben.

Kennzeichen: Der Rückenpanzer von *Testudo graeca* weist eine eher rundliche Form auf, ist dabei mäßig gewölbt und hinter der Mitte am höchsten. Nur bei Jungtieren ist der Carapax kaum gewölbt. Die im Regelfall wenig, bei einigen Exemplaren aber auch stark erweiterten hinteren Randschilder sind leicht gezähnt.

Die Zentren der Wirbel- und Rippenschilder sind selten erhöht, wodurch der Rückenpanzer eine eher glatte Oberfläche erhält. Das Schwanzschild ist meist ungeteilt.

Färbung und Zeichnung des Carapaxes können recht unterschiedlich ausfallen. Einige Tiere sind gelb bis lederfarben mit schwarzen oder dunkelbraunen Flecken gezeichnet, andere zeigen sich in reinem grau bis schwarz. Der Bauchpanzer ist meist gelb bis grünlichgelb, braun oder grau und weist gewöhnlich einige verstreute dunkelbraune bis schwarze Flecken auf. Die Farbe des Kopfes schwankt zwischen gelb, braun oder grau und ist nur gelegentlich mit dunklen Flecken versehen. Der Hals, die Gliedmaßen und der Schwanz, der keine nagelförmige Endschuppe trägt, sind gelbbraun bis grau.

Auf jedem Oberschenkel befindet sich ein großer, auffälliger Hornkegel.

Im Gegensatz zu den Weibchen haben die Männchen längere und dickere Schwänze, wodurch die Geschlechter leicht voneinander zu unterscheiden sind.

Im folgenden werden die charakteristischen Merkmale der verschiedenen Unterarten kurz beschrieben:

Testudo graeca iberia. Foto: W. Schmidt

Testudo graeca graeca: Sie bleibt mit einer maximalen Carapaxlänge von 20 cm wesentlich kleiner als die übrigen Unterarten. Außerdem hat sie einen abgeflachten Rückenpanzer, und die hinteren Randschilder sind kaum erweitert. Ihr Kopf ist meist dunkel gefärbt.

Testudo graeca anamurensis: Diese Unterart besitzt eine schmale, flache und langgestreckte Form, die stark an *Testudo marginata* erinnert. Kehl- und Kinnlappen sind weißgelb, der Panzer dagegen ist dunkelgrau bis schwarz gefärbt.

Testudo graeca ibera: Ihr Carapax ist leicht abgeflacht, die hinteren Randschilder sind etwas erweitert. Der Kopf ist einheitlich grau bis lederfarben.

Testudo graeca nikolskii: Diese Unterart besitzt lange, spitze Krallen an den Vorderfüßen. Ebenfalls auffällig sind zahlreiche Reihen länglicher und spitz zulaufender Schuppen an den Vorderbeinen. Die Wirbelschilder von *Testudo graeca nikolskii* sind gewölbt.

Testudo graeca terrestris: Mit einer Carapaxlänge von 20 cm ist sie ebenso klein wie die Nominatform. Ihr Rückenpanzer ist stark gewölbt, und die hinteren Randschilder sind leicht erweitert. Auf der Stirn und an beiden Seiten des Kopfes befindet sich eine gelbe Fleckenzeichnung.

Testudo graeca zarudnyi: Der Carapax dieser Unterart ist eher länglich und dabei stark gewölbt. Die hinteren Randschilder sind deutlich erweitert, gezähnt sowie leicht nach oben gebogen. Die Kopffärbung ist meist einheitlich braun.

Biologie, Haltung und Zucht: Zwar gibt es große europäische Populationen von *Testudo graeca*, jedoch stellt die Art je nach Herkunftsort etwas höhere Temperaturansprüche als zum Beispiel *Testudo hermanni*.

Ein Freilandaufenthalt sollte im Prinzip allen Vertretern dieser Art geboten werden. Wichtig ist aber dabei, daß den Tieren speziell in kälteren Phasen des Sommers und in den Übergangsjahreszeiten ein Unterschlupf angeboten wird, in dem sie sich mittels eines Wärmestrahlers aufheizen können. Sollte dies aufgrund technischer Schwierigkeiten nicht möglich sein, so muß für die Tiere jederzeit ein Zimmerterrarium bereitstehen. Exemplare aus sehr heißen Gegenden, wie zum Beispiel *Testudo graeca terrestris*, sollten nur im Hochsommer und während warmer Tage für einige Stunden in die Freilandanlage gesetzt werden. Besonders wichtig ist das Zimmerterrarium auch während der Übergangsphase zum Winterschlaf, da man in einem solchen Terrarium die Tiere meist leichter unter Beobachtung halten kann und sich hier die Temperaturen besser steuern lassen. Eine Zuchtgruppe sollte grundsätzlich mehr Weibchen als Männchen aufweisen. Würden sich die Männchen in der Überzahl befinden, könnten die Weibchen, verfolgt von den Männchen, nie zur Ruhe kommen und unterlägen somit einem Dauerstreß, der die gefürch-

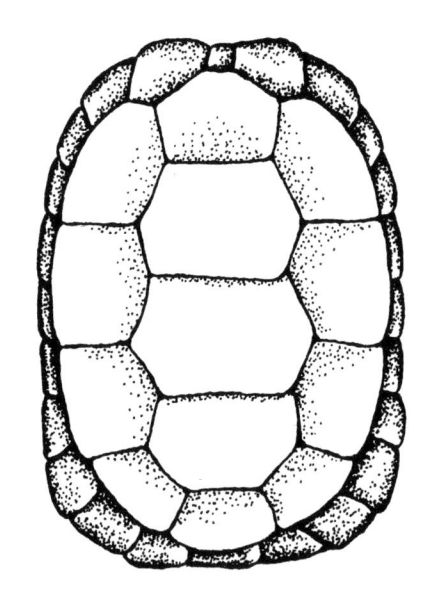

Rückenansicht von *Testudo graeca*.

tete Legenot zur Folge haben könnte.
Die Paarungszeit liegt zwischen April und Juli. Die Männchen stellen dann ohne Unterlaß den Weibchen nach, indem sie diese rammen, schieben und mit Bissen in die Gliedmaßen und den Kopf traktieren. Auf diese Weise wollen sie die Weibchen zum Verharren bewegen, damit sie aufreiten und die Paarung vollziehen können. Ist das Aufreiten endlich geglückt, geben die Männchen laut piepsende Geräusche während der Kopulation von sich.
Nach der Paarung erfolgt die Eiablage im Regelfall im Mai und Juni, doch kann es geographisch und klimatisch bedingte Abweichungen davon geben. Die bevorstehende Eiablage erkennt man leicht an einer gewissen Unruhe des Weibchens, während es einen geeigneten Legeplatz sucht.
Im Terrarium oder Freigehege gelegte Eier sollten vorsichtig freigelegt und bei einer Temperatur zwischen 28 und 32°C im Inkubationsbehälter bebrütet werden. Die weißen, leicht elipsenförmigen Eier sind durchschnittlich 30–42,5x24,5–35 mm groß und haben häufig eine etwas spröde Schale. Die Zeitigungsdauer kann je nach Temperatur zwischen 55 und 100 Tagen liegen. Im Idealfall läßt man die Bruttemperaturen um 27,5°C schwanken, da dort auch der Scheitelpunkt für die temperaturabhängige Geschlechterausprägung liegt. Die Nachzuchten benötigen dann 57–65 Tage bis zum Schlupf.
Die Aufzucht der Jungtiere ist in kleinen Gruppen im halbfeuchten, großen Zimmerterrarium recht problemlos möglich. Die Einrichtung sollte der des Terrariums für die adulten Tiere ähneln und viele Verstecke aufweisen. Strahler sollten einen Bereich des Terrariums auf 30°C erwärmen, und nur an wirklich warmen Tagen dürfen die Nachzuchten in ein Freilandterrarium umgesetzt werden. Wichtig ist wie bei allen Arten eine ausreichende Versorgung mit Vitamin- und Mineralstoffen, sowie eine gewisse UV-Strahlung. Die Geschlechtsreife erreichen im Terrarium aufgezogene Schildkröten bereits nach fünf bis sieben Jahren.
Freilandbeobachtungen im natürlichen Lebensraum in Spanien haben gezeigt, daß sich die Hauptaktivitätszeit der Schildkröten über die Monate Februar bis Juni erstreckt. Diese Aktivitätsperiode beginnt mit der Paarung und endet mit der Eiablage. Pro Jahr und Weibchen werden bis zu drei Gelege mit jeweils drei bis sieben Eiern abgesetzt.
Im Anschluß an die erste Aktivitätsphase folgt eine Sommerruhe, die bis in den September reicht. In dieser Zeit konnte auch das Schlüpfen der Jungtiere beobachtet werden.
Die zweite, jedoch nicht ganz so deutlich ausgeprägte Aktivitätsphase erstreckt sich von September bis Ende November. Während dieser Zeit kommt es erneut zu Paarungen, ehe die Tiere im Dezember in die Winterruhe gehen.
Futter: Bezogen auf die Fütterung ist *Testudo graeca* recht unkompliziert. Eine besondere Vorliebe zeigen die Schildkröten für diverses Grünfutter, sie verzehren aber auch Obst, Gemüse und gelegentlich Regenwürmer.

Testudo hermanni GMELIN, 1789
Griechische Landschildkröte

Verbreitung: Die Art wird in zwei Unterarten aufgesplittet, die die folgenden Verbreitungsgebiete bewohnen:

Testudo hermanni hermanni.
Foto: W. Schmidt

Testudo hermanni hermanni GMELIN (1789) (früher *Testudo hermanni robertmertensi*): Die Nominatform ist die sogenannte westliche Rasse, ihr Verbreitungsgebiet erstreckt sich von Südfrankreich bis nach Italien. Ferner leben die Schildkröten noch auf den Balearen (Spanien), auf Korsika und Sardinien.

Testudo hermanni boettgeri MOJSISO-VICS (1889) (früher *Testudo hermanni hermanni*): Man findet diese östliche Unterart im Westen der Türkei, in Bulgarien, Rumänien, Griechenland, Albanien und im Süden von Italien einschließlich Sizilien sowie im ehemaligen Jugoslavien.

Lebensraum: *Testudo hermanni* bewohnt in der Regel recht trockene Gebiete wie Trockenwiesen, buschbewachsene Hänge, Eichen- und Pinienwälder sowie Dünenlandschaften in Küstennähe. Sogar auf Kulturflächen und Schuttplätzen sind die Tiere zu finden.

Größe: Die aus dem Westen des Verbreitungsgebietes stammende Nominatform *Testudo hermanni hermanni* ist eine kleine Schildkröte, die nur eine

***Testudo hermanni boettgeri* wird deutlich größer als die Nominatform.**

Foto: W. Schmidt

Carapaxlänge von ca. 14 cm erreicht. Die aus dem östlichen Verbreitungsgebiet stammende Unterart *Testudo hermanni boettgeri* wird dagegen mit einer Länge von 23 cm wesentlich größer.

Kennzeichen: Der rundliche Carapax ist kuppelartig gewölbt, hat abschüssige Flanken, und die hinteren Randschilder sind leicht nach unten gebogen sowie gezähnt. Charakteristisch für diese Art ist das in der Regel geteilte Schwanzschild.

Die Grundfarbe des Rückenpanzers ist gelblicholiv bis bräunlich, und die einzelnen Schilder weisen je nach Farbvariante und Alter größere dunkle Flekken auf. Nicht alle Exemplare tragen das dunkle Fleckenmuster. Bei einigen Tieren können die Flecken ganz fehlen oder so ausgeprägt sein, daß sie den größten Teil des Panzers einheitlich dunkel färben.

Der Bauchpanzer ist horngelb und mit großen, dunklen, in zwei Längsreihen verlaufenden Flecken versehen. Der Kopf und die Gliedmaßen sind bei adulten Tieren gelblich bis graubraun gefärbt, bei den Jungtieren sind sie dagegen fast schwarz. Am Schwanzende befindet sich eine nagelförmige Endschuppe.

Männchen und Weibchen lassen sich durch verschiedene Merkmale gut voneinander unterscheiden. Bei den Weibchen ist der Bauchpanzer entweder eben oder leicht konvex, während der des Männchens, wie bei vielen anderen Schildkrötenarten auch, eine leicht konkave Form zeigt. Außerdem besitzen die Männchen wesentlich längere

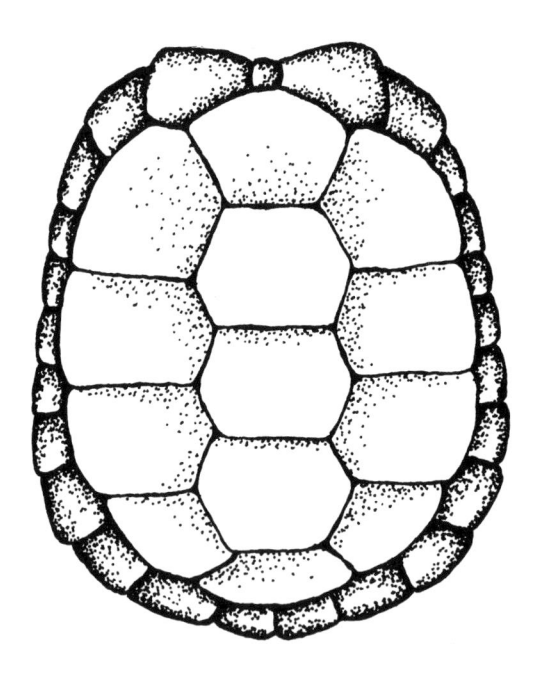

Rückenansicht von *Testudo hermanni*.

und dickere Schwänze als die Weibchen. Der hornige Endnagel an der Schwanzspitze ist bei den Weibchen deutlich kleiner.

Durch folgende Merkmale lassen sich die beiden Unterarten unterscheiden:

Testudo hermanni hermanni: Die Färbung ist kräftiger und wesentlich kontrastreicher als die von *Testudo hermanni boettgeri*. Die ineinanderfließenden schwarzen Flecken des Bauchpanzers bilden ein langes und breites dunkles Band auf jeder Bauchschuppenreihe. Als weiteres Unterscheidungsmerkmal ist ein gelber Fleck, zwischen Auge und Mundwinkel zu sehen, der bei *Testudo hermanni boettgeri* fehlt.

Testudo hermanni boettgeri: Insgesamt ist die Färbung dieser Unterart nicht so kontrastreich, da die einzelnen Farbzonen meist etwas verwaschener ineinander übergehen.

Die auf den Schildern des Bauchpanzers befindlichen schwarzen Flecken sind in aller Regel, zumindest auf dem Kehl- und Afterschild, durch einen hellen Saum voneinander getrennt. Anders als die Nominatform weist *Testudo hermanni boettgeri* keine gelbe Pigmentierung zwischen Auge und Mundwinkel auf, sondern zeigt bestenfalls einen kleinen gelben Fleck hinter dem Auge. Im Regelfall sind aber keinerlei gelbe Farbeinschlüsse im Kopfbereich vorhanden.

Biologie, Haltung und Zucht: Im Terrarium wird *Testudo hermanni* schon seit Jahren regelmäßig auch in größeren Stückzahlen erfolgreich nachgezogen. Sie ist wahrscheinlich die beliebteste und am häufigsten gepflegte Landschildkrötenart.

Insgesamt ist die Pflege der Griechischen Landschildkröte vergleichbar mit der anderer europäischer Arten. Jedoch ist *Testudo hermanni* robuster gegenüber kühleren Temperaturen im Sommer und durchweg unempfindlicher als beispielsweise *Testudo graeca*. Die Art ist daher geradezu prädestiniert für die Pflege in einer Freilandanlage.

Wichtig für die Paarungsbereitschaft und Fortpflanzung ist die jährliche Einhaltung der Winterruhe. Durch das sehr weit nördlich gelegene Verbreitungsgebiet von *Testudo hermanni* dauert die Winterruhe oft länger als bei den anderen europäischen Landschildkrötenarten, in der Regel fünf bis sechs Monate. Paarungsversuche erfolgen im Freigehege von April bis September. Die Männchen verfolgen bei dieser Art die Weibchen wieder unermüdlich. Auch sie sind keine charmanten Liebhaber, vielmehr verfolgen und umkreisen sie ihre Auserwählte und versuchen, diese durch Bisse in die Hinterbeine an der Flucht zu hindern. Bleibt das Weibchen sitzen, versuchen die Männchen, es durch gezielte Bisse in den Hals und Kopfbereich zum Einziehen der Vorderextremitäten zu bewegen. Anschließend reiten sie in der üblichen Weise von hinten auf und vollziehen die Kopulation unter laut pfeifenden Geräuschen.

Die Eiablage, die sich aus zwei im Abstand von 20–30 Tagen abgesetzten Gelegen zusammensetzt, findet im Juni und Juli statt. Die bevorzugten Eiablageplätze der Weibchen sind nur wenig bewachsene Hänge, die nach Süden ausgerichtet sind. Die Gelege bestehen in der Regel aus 3 bis 8, maximal aus 10 bis 11 länglich-runden Eiern. Die Eier (Durchschnittsmaße: Länge 34,5 mm; Breite 29 mm; Gewicht 15,5 g) müssen vorsichtig freigelegt und in einen Inkubationsbehälter überführt werden. Als Substrat eignet sich beispielsweise Perlite. Bei Temperaturen von 27–28°C und einer relativen Luftfeuchtigkeit von 70–90% dauert die Zeitigung etwa 55–73 Tage. Möchte man bei den Jungtieren ein ausgewogenes Geschlechterverhältnis erzielen, so sollte die Inkubationstemperatur um 1°C schwankend bei 27,5°C gehalten werden, da hier der Scheitelpunkt der Geschlechterausprägung liegt. Die kleinen Schildkröten liegen quer zur Längsrichtung im Ei. Nach dem vollständigen Entfalten sind die Nachzuchten geradezu kreisrund und weisen eine Panzerlänge von ca. 34 mm auf. Ihr Gewicht beträgt etwa 26 g. Die Schlüpflinge sollten so lange, bis sich der Dotterrest aufgebraucht und der Bauchpanzer geschlossen hat, möglichst steril gehalten werden. Nach dieser etwas heiklen Anfangsphase bereitet die Aufzucht der Jungtiere keine wesentlichen Probleme mehr.

Es ist zweckmäßig, den Tieren bereits im ersten Jahr eine kurze Winterruhe von drei bis vier Wochen anzubieten. Im Terrarium gepflegte Griechische Landschildkröten erreichen die Geschlechtsreife nach vier bis neun Jahren. Sobald sie eine Panzerlänge von etwa 10 cm erreicht haben, können sie ganzjährig im Garten gepflegt werden.

Futter: *Testudo hermanni* ist ein Allesfresser. Die Schildkröten fressen Grünfutter, Gemüse, Obst und vieles mehr. Auch tierisches Eiweiß sollte im Speiseplan der Griechischen Landschildkröte nicht fehlen.

Testudo horsfieldii GRAY, 1844
Untergattung *Agrionemys* (Synonym: *Agrionemys horsfieldii*)
Vierzehen-Landschildkröte

Verbreitung: Auch diese Art besitzt ein riesiges Verbreitungsgebiet und bewohnt die mittelasiatischen Steppen- und Wüstengebiete. Von *Testudo horsfieldii* werden drei Unterarten anerkannt, die aber nur schwer zu unterscheiden sind und deren Status auch noch nicht restlos gesichert ist. Sie kommen in folgenden Verbreitungsgebieten vor:

Testudo horsfieldii horsfieldii GRAY (1844): Diese Unterart findet man vom Iran über Afghanistan und Pakistan bis nach Westchina.

Testudo horsfieldii kazachstanica (CHKHIKVADZE, 1988): Wie ihr Name vermuten läßt, findet man diese Schildkröte in Kasachstan und außerdem noch in Turkmenistan.

Testudo horsfieldii rustamovi (CHKHIKVADZE, AMIRANASHVILI & ATAEV, 1990): Das Verbreitungsgebiet dieser Unterart beschränkt sich auf die Kopetdag-Region in Turkmenistan.

Lebensraum: *Testudo horsfieldii* findet man in zahlreichen trockenen Lebensräumen wie Sand- und Lehmsteppen sowie auf felsigen Abhängen. Innerhalb dieser Gebiete befinden sich meist Oasen, kleine Bäche oder Quellen, die in ihrer unmittelbaren Umgebung eine etwas üppigere Vegetation aufweisen. Die Tiere leben dort in

Testudo horsfieldii, die Vierzehen-Land-schildkröte. Foto: W.Schmidt

selbstgegrabenen Wohnröhren, die je nach Bodenfestigkeit 80–200 cm lang sein können. Die Gänge werden meist an der Südostseite kleinerer Hügel angelegt und verlaufen horizontal oder leicht schräg abwärts, wo sie in einer erweiterten Wohnkammer enden.

Das Verbreitungsgebiet von *Testudo horsfieldii* ist durch starke jahreszeitlich bedingte Klimaschwankungen gekennzeichnet. Die Sommer sind sehr heiß und trocken, im Winter sinken die Temperaturen weit unter den Gefrierpunkt.

Größe: *Testudo horsfieldii* kann eine Carapaxlänge von 20–28 cm erreichen, wobei die Männchen wesentlich kleiner bleiben als die Weibchen.

Kennzeichen: Der Rückenpanzer hat einen rundlichen Umriß und ist in der Mitte deutlich abgeflacht. Die hinteren Randschilder sind leicht gezähnt, das Schwanzschild ist ungeteilt. Im Gegensatz zu den übrigen *Testudo*-Arten besitzt *Testudo horsfieldii* zwischen dem Bauch- und Schenkelschild kein Plastralscharnier. Auf der hellbraunen bis gelblichbraunen Grundfarbe der Carapaxschilder befindet sich eine mehr oder weniger intensiv ausgeprägte dunkle Pigmentierung, die bei alten Tieren verblaßt. Der Bauchpanzer ist dunkelbraun bis schwarz mit gelben Nähten. Der Kopf und die Gliedmaßen sind gelblichbraun gezeichnet.

Charakteristisch für diese Art sind die an den Vorderfüßen sitzenden vier Krallen, die ihr den Trivialnamen Vierzehen-Schildkröte eingebracht haben. Auffällig sind außerdem die sehr kräftig gebauten und mit großen Schuppen bedeckten Vorderbeine.

Aufgrund der dickeren und längeren Schwänze kann man die Männchen gut von den Weibchen unterscheiden. Sowohl bei den Weibchen als auch bei den Männchen weist der Schwanz einen hornigen Endnagel auf.

Biologie, Haltung und Zucht: Allgemein ist die Haltung und Zucht von *Testudo horsfieldii* nicht wesentlich problematischer als die der anderen europäischen Landschildkrötenarten. Jedoch muß man ihrem Anspruch auf höhere Temperaturen und ihrer Empfindlichkeit gegenüber feuchtkalter Witterung gerecht werden. Die Art empfiehlt sich daher nur zu einer kombinierten Zimmer- und Freilandhaltung. Eine Freilandhaltung sollte nur dann erfolgen, wenn die Temperaturen nicht längerfristig auf unter 15°C absinken.

Schon beim Bau der Freilandanlage für *Testudo horsfieldii* muß darauf geachtet werden, daß die Umrandung bis zu einem Meter tief in den Boden eingelassen wird, da ansonsten die Gefahr besteht, daß sich die Tiere unter der Umzäunung hindurchgraben.

Zur Grundausstattung des Freigeheges sollte ein fester Lehmhügel gehören, der den Tieren die Möglichkeit gibt, sich ihre Wohnhöhlen ähnlich wie in ihrem natürlichen Habitat anzulegen. Zur besseren Kontrolle und zum leichteren Einfangen im Herbst bzw. während längerer Schlechtwetterperioden ist es daher ratsam, die Wohnhöhle gleich beim Anlegen des Lehmhügels aus festen Steinplatten zu bauen, so daß man die sich dort verbergenden Tiere leicht entnehmen kann.

Für die Eiablage bietet man den Schildkröten einen mit lockerer humoser Gartenerde aufgefüllten Platz im Hügel in sonniger Lage. Um den Eiablageplatz geradezu unwiderstehlich zu machen, kann man ihn durch ein nach zwei Seiten offenes Frühbeet schützen.

Zur Haltung von *Testudo horsfieldii* sollte auf jeden Fall ein Zimmerterrarium zur Verfügung stehen, das einer Zuchtgruppe genügend Platz bietet. In unseren Breitengraden muß immer mit verregneten und kühlen Sommern gerechnet werden, wodurch die Gesundheit der Tiere bei einem ununterbrochenen Freilandaufenthalt gefährdet wäre.

In ihrem natürlichen Lebensraum hält *Testudo horsfieldii* einen Winterschlaf und in den trockenen, heißen Sommermonaten oft auch eine Sommerruhe. Ihre Wohnhöhlen bieten optimalen Schutz vor den extremen Temperaturwerten. Die Aktivitätsphase der Tiere hängt von der Jahreszeit, der Höhenlage sowie dem vorherrschenden Klima ab. Auch im Terrarium oder im Freilandgehege halten die Schildkröten in heißen Perioden eine Sommerruhe, die aber im Sommer nur wenige Wochen andauert. Die Winterruhe, die etwa im Oktober bis Dezember beginnt, sollte bei *Testudo horsfieldii* im Februar beendet werden. Im Zimmerterrarium beginnen die Schildkröten dann bei entsprechend hohen Temperaturen von etwa 25°C, lokal bis zu 38°C, mit der Balz und der Paarung. Bis in den Spätsommer zeigen sie dieses Verhalten, jedoch mit abnehmender Intensität.

Zwischen März und August werden pro Weibchen bis zu drei Gelege abgesetzt. Das Weibchen gräbt hierfür eine 8–12 cm tiefe Grube, in die durchschnittlich zwei bis fünf, in Ausnahmefällen bis zu acht Eier abgelegt werden.

Die Eier werden vorsichtig entnommen und bei einer Zeitigungstemperatur von 28–30°C und einer relativen Luftfeuchtigkeit von 70–95% inkubiert. Die Jungtiere schlüpfen unter diesen Bedingungen nach etwa 70–102 Tagen. Beim Schlupf liegen die Nachzuchten quer im Ei, so daß die Schale an der Breitseite aufgebrochen wird. Der Schlupf kann sich über mehrere Tage hinziehen, und bereits während dieser Zeit entfalten sich die Jungtiere. Anschließend sind sie fast kreisrund mit einer Panzerlänge von 33 mm. Die Aufzucht bereitet kaum Probleme. Auch dieser Art sollte schon im ersten Lebensjahr eine kurze Winterruhe von etwa sechs bis acht Wochen geboten werden. Im Alter von acht bis zehn Jahren erlangt *Testudo horsfieldii* die Geschlechtsreife.

Futter: *Testudo horsfieldii* nimmt hauptsächlich vegetarische Kost an. Eine besondere Vorliebe zeigen die Tiere für Löwenzahnblüten und rote Früchte. Auch hier gilt, daß die Futterauswahl individuell sehr unterschiedlich sein kann. Die Jungtiere zeigen im Gegensatz zu den Alttieren ein sehr ausgeprägtes Trinkbedürfnis.

Testudo kleinmanni LORTET, 1883
Untergattung *Pseudotestudo* (Synonym: *Pseudotestudo kleinmanni*)
Ägyptische Landschildkröte

Die Art hat nach OBST (mündl. Mitt.) gute Chancen, künftig sogar als monotypische Gattung allgemein anerkannt zu werden.

Verbreitung: Das Verbreitungsgebiet von *Testudo kleinmanni* erstreckt sich entlang der Mittelmeerküste in Nordafrika von Libyen bis in den Süden von

Testudo kleinmanni, **Ägyptische Landschildkröte.** Foto: W. Schmidt

Israel. Die Populationen kommen inselartig und nicht flächendeckend vor.
Lebensraum: Diese Art bewohnt nur die sandigen Küstengebiete und dringt meist nicht weiter als 60 km in das Inland vor, da das Klima dort zu trocken für diese kleinen Landschildkröten ist. Die durchschnittlichen Maximalwerte der Tagestemperaturen liegen im Küstenbereich bei 30°C, die niedrigsten Temperaturwerte bei 12°C. Nur in den Wintermonaten fällt der jährliche Niederschlag von 100–200 mm. Dies ist auch die Hauptaktivitätszeit von *Testudo kleinmanni*.

Die Vegetation besteht hauptsächlich aus *Artemisia monosperma*, ein zu den Korbblütlern zählender Halbstrauch, sowie Gräsern und Kräutern.
Größe: Mit einer durchschnittlichen

Carapaxlänge von 12 cm zählt *Testudo kleinmanni* zu den kleinsten Landschildkrötenarten der Welt. Adulte Tiere von 10–12 cm wiegen durchschnittlich 200 g.

Kennzeichen: Insgesamt ähnelt das Aussehen der Ägyptischen Landschildkröte sehr stark dem der Maurischen Landschildkröte. Der gewölbte Carapax ist hinter der Mitte am höchsten und besitzt abrupt abfallende Flanken. In der Regel ist das Schwanzschild ungeteilt. Die grünbraunen bis gelbbraunen Schilder des Rückenpanzers sind meist dunkel umsäumt. Der Kopf und die Gliedmaßen sind gelblichbraun. An den Vorderseiten der Vorderbeine befinden sich drei, manchmal auch vier Längsreihen großer, sich meist überlappender Schuppen. Auf den Unterschenkeln sitzen sporenähnliche Schuppen, die Oberschenkel weisen dagegen keine Tuberkelschuppen auf. Der Schwanz, der bei den Männchen etwas länger ist als bei den Weibchen, besitzt keinen hornigen Endnagel.

Biologie, Haltung und Zucht: Die Informationen, die über *Testudo kleinmanni* vorliegen, beruhen größtenteils auf Beobachtungen von im Terrarium gehaltenen Tieren.

In ihrem natürlichen Verbreitungsgebiet ist diese Art durch die fortschreitende Zerstörung ihres Lebensraums stark bedroht. Die Habitate von *Testudo kleinmanni* werden zu Ackerflächen, Industriegebieten oder Wohnraum umgewandelt.

Aufgrund der Überweidung vieler Gebiete kommt es zu einer stetig steigenden Nahrungskonkurrenz mit Ziegen und Schafen. In derartigen Gebieten beträgt die Pflanzendecke nur noch 5–10%, ein ungewöhnlich niedriger Wert. Auch geht dadurch die Zahl vieler Kleinsäuger zurück, deren Bauten und Höhlen den Schildkröten Schutz vor extremen Temperaturen und Feinden bieten. Es ist zwar bekannt, daß *Testudo kleinmanni* sich aktiv selbst Bauten gräbt, man weiß jedoch nicht, wie tief und wie lang diese Höhlen sind. Von den zahlreichen Feinden stellen vor allem Wölfe, Hyänen und Warane den Schildkröten nach. Auch Krähen und andere Vogelarten erbeuten junge Schildkröten, indem sie die Tiere ergreifen und aus großer Höhe zu Boden fallen lassen, so daß ihr Panzer zerbricht.

Testudo kleinmanni sollte trotz ihrer geringen Größe ein geräumiges Terrarium zur Verfügung stehen, da diese Art recht schnell läuft und während ihrer Aktivitätsphasen regelrecht durch das Terrarium rennt.

Der Bodengrund kann aus grobem Sand mit einem Lehmanteil gemischt werden und wird so hoch in das Terrarium gefüllt, daß sich die Schildkröten darin vollständig eingraben können. Meist reicht hierfür eine Schicht von ca. 10 cm aus, da sich die Tiere nur halb eingraben und der Rückenpanzer immer noch aus dem Substrat herausragt. Auch verstecken sich die Schildkröten gerne unter Steinen, was ebenfalls bei der Einrichtung berücksichtigt werden muß. Das Bodensubstrat sollte an einer Stelle leicht feucht gehalten werden.

Ein Strahler, unter dem sich die Tiere bis auf die Vorzugstemperatur aufheizen können, ist für das Wohlbefinden der Schildkröten unbedingt erforderlich. In den Wintermonaten sollten die Nachttemperaturen auf ca. 15°C absinken. Dies ist erforderlich, damit die Schildkröten am folgenden Tag wieder aktiv werden. Ohne die Nachtabsenkung kann es vorkommen, daß die Tiere auch tagsüber nicht aus ihren Verstecken kommen.

Testudo kleinmanni hält im Gegensatz zu den anderen *Testudo*-Arten keinen Winterschlaf. In ihrem natürlichen Verbreitungsgebiet kann es höchstens zu einer Sommerruhe kommen, in der die Schildkröten die extrem hohen Temperaturen und die Trockenheit in leicht feuchten Säugetierhöhlen überdauern.

Die Hauptaktivitätsphasen der Ägyptischen Landschildkröte liegen in den frühen Morgenstunden und am späten Nachmittag. Je niedriger die Temperaturen sind, desto länger dauern die Aktivitätsphasen an.

Noch während der kühleren Jahreszeit beginnen die Schildkröten mit der Fortpflanzung. Im Terrarium geraten insbesondere die Männchen oft schon durch leichtes Übersprühen des Behälters in Balzstimmung. Die Paarungen erfolgen aber auch im Terrarium meist von Oktober bis März. Auch bei dieser Art umrunden die Männchen wieder die Weibchen und versuchen, sie durch Bisse in die Extremitäten zum Stehenbleiben und Stillhalten zu veranlassen. Bei paarungsbereiten Weibchen kann man häufig ruckartige Kopfbewegungen wahrnehmen. Während der Paarung geben die Männchen Laute von sich, die an das Trillern von Kanarienvögeln oder das Zirpen von Grillen bzw. tropischen Fröschen erinnern.

Die Weibchen von *Testudo kleinmanni* produzieren pro Jahr in aller Regel zwei bis drei Gelege. Die Eiablage erfolgt zwischen März und Juli, wobei die Gelege nur aus einem bis drei Eiern bestehen.

In dem nur mäßig feucht gehaltenen Zeitigungssubstrat des Inkubators (Perlite, Vermiculite) schlüpfen die Jungtiere bei einer Zeitigungstemperatur von 29–30°C nach etwa 90 Tagen. Vom Durchstoßen der Eischale bis zum eigentlichen Schlupf können bis zu drei Tage vergehen (WICKER und KOSCHNITZKE, mündliche Mitteilung). Die Aufzucht der Jungtiere erfolgt wie bei den anderen *Testudo*-Arten. Leider sind von dieser Art viele Daten, wie zum Beispiel der Scheitelpunkt für die temperaturabhängige Geschlechterausprägung, noch unbekannt.

Futter: Die Ägyptische Landschildkörete bevorzugt Grünfutter wie Löwenzahn, Wegerich, Klee, Kresse, Salat und scheint eine ausgesprochene Vorliebe für Blüten von Löwenzahn, Hibiskus oder Kalanchoe zu haben. Obst, Gemüse oder Schildkrötenfutter werden wenig oder gar nicht verzehrt. Mit dem Grünfutter nehmen die Tiere genügend Feuchtigkeit zu sich, so daß eine Wasserschale nicht zwingend erforderlich ist.

Testudo marginata SCHOEPFF, 1792
Breitrandschildkröte

Verbreitung: Diese Landschildkrötenart findet man im südöstlichen Griechenland, etwa vom südlichen Olymp bis zum Taygetos-Gebirge, dem Peleponnes und dem äußersten Süden von Albanien. Ferner lebt die Art noch auf einigen Inseln in der Ägäis. Die in Italien auf Sardinien und in der Toskana vorkommenden Populationen sind wahrscheinlich eingeführt.

Lebensraum: *Testudo marginata* bewohnt unterschiedliche Trockenhabitate, wobei sie hügelige Buschlandschaften bevorzugt. Man findet diese Art in Gebirgen bis zu 1600 m Höhe, mit Vorliebe auf steinigem Boden. Im Frühjahr kann man viele Tiere in geringeren Höhenlagen beobachten, da die Vegetation zu dieser Jahreszeit ein gutes Futterangebot und bessere Nistmöglichkeiten bietet.

Größe: Die Art kann eine Länge von bis zu 35 cm und ein Gewicht von bis zu 5 kg erreichen. *Testudo marginata* ist somit die größte der fünf *Testudo*-Arten.

Kennzeichen: *Testudo marginata* ist nicht nur die größte, sondern wohl auch die schönste Landschildkrötenart Europas. Ihr Rückenpanzer hat eine längliche Form und ist dabei kuppelartig gewölbt. Unmittelbar hinter der Mitte weist er die größte Höhe auf. Die Flanken fallen steil ab. Die hinteren Randschilder sind stark erweitert, nach oben gebogen und gezähnt. Diese für *Testudo marginata* charakteristische Panzerform ist jedoch erst bei adulten Tieren deutlich zu erkennen.

Der Carapax ausgewachsener Tiere ist dunkelbraun bis schwarz, nur auf den Zentren der Rückenschilder befindet sich ein hellerer Fleck. Jungtiere weisen im Gegensatz zu den Alttieren eine sehr kontrastreiche gelbschwarze Zeichnung auf. Der Bauchpanzer ist hell gefärbt, und auf jedem Schild befindet sich ein großer, dreieckiger dunkler Fleck.

Rückenansicht von *Testudo marginata*.

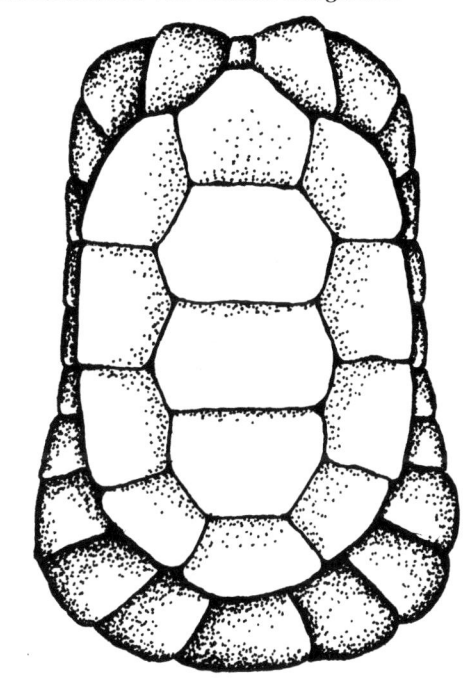

Kopf und Gliedmaßen sind bei den Alttieren dunkelbraun bis schwarz, während Jungtiere hier immer eine helle Färbung aufweisen. Auf den Vorderseiten der Vorderbeine liegen vier oder fünf Längsreihen großer sich überlappender Schuppen.

Auf den Unterschenkeln sitzen spornähnliche Schuppen, die Oberschenkel weisen meist schwach ausgeprägte Hornkegel auf. Der Schwanz des Männchens ist beinahe dreimal so lang wie der des Weibchens.

Biologie, Haltung und Zucht: Die Breitrandschildkröte ist genau wie die Griechische Landschildkröte geradezu prädestiniert für die Pflege im Freiland. Nur sollte man nicht vergessen, daß sie besonders wärmeliebend ist. Deshalb sollte ein beheiztes Häuschen in den Übergangsjahreszeiten vorhanden sein. Um der Größe der Tiere und ihrem Bewegungsdrang gerecht zu werden, muß ihnen eine möglichst geräumige Anlage geboten werden.

Im Freigehege sollte sich ein nach Süden gerichteter, aus sandigem Boden aufgeschütteter Hügel befinden, der zum Sonnen und zur Eiablage bevorzugt aufgesucht wird. Üppiger Graswuchs, eine flache, große Wasserschale und natürlich ein trockenes Schutzhaus sind zum Wohlbefinden der Tiere unbedingt erforderlich.

Im Schutzhaus sollten Stroh, Laub oder ähnlich trockene Substrate vorhanden sein. *Testudo marginata* ist kühleren Temperaturen gegenüber recht unempfindlich, so daß der Freilandaufenthalt vom Früh- bis zum Spätsommer und Herbst andauern kann. Die Überwinterung erfolgt von Mitte November bis Ende März.

Bei einer Zuchtgruppe sollte auf zwei bis drei Weibchen ein Männchen kommen. Paarungen erfolgen den ganzen Sommer über, am intensivsten zwischen April bis Mai und August bis September. Kurz nach Ende der Winterruhe beginnen die Tiere mit der Balz. Hierfür treibt ein Männchen ein Weibchen mit einzelnen Rammstößen durch die Freilandanlage. Dabei verfolgt es dieses und versucht, es in die Hinterbeine zu beißen. Bleibt ein Weibchen nach einer gewissen Zeit stehen, so läuft das Männchen nach vorne und versucht nun, das Weibchen in die Vor-

Jungtier von *Testudo marginata*.
Foto: W. Schmidt

derextremitäten oder den Kopf zu beißen. Die Paarungsbereitschaft zeigt das Weibchen durch Passivität an. Sobald es stehenbleibt und den Kopf und die Vorderbeine einzieht, reitet das Männchen von hinten auf. Unter ächzenden Lauten und mit weit geöffnetem Maul vollziehen sie dann die Kopulation. Die einzelnen Paarungen können mehrmals täglich wiederholt werden und bis zu 30 Minuten andauern.

Das Weibchen kann bis zu drei Gelege pro Jahr hervorbringen, wobei jedes Gelege aus ca. 5–12 Eiern besteht. Eiablagen erfolgen von Ende April bis Ende Juli. Dabei werden die Eier in aller Regel in den sandigen Bodengrund des Hügels eingegraben, wo man sie von Hand vorsichtig ausgräbt und an der Oberseite mit einem Bleistift markiert. Wichtig ist, daß die Position der Eier beim Umsetzen in den Inkubator nicht verändert wird.

Das Zeitigungssubstrat (Perlite, Vermiculite, grober steriler Sand) wird leicht feucht gehalten. Bei einer Inkubationstemperatur von 27–30°C und einer relativen Luftfeuchtigkeit von 90% schlüpfen die Jungtiere nach 65–85 Tagen. Über eine temperaturabhängige Geschlechterausprägung während der Inkubation ist bei *Testudo marginata* bisher noch nichts bekannt. Die bis zu 35 mm langen Schlüpflinge sollten so lange, bis der Dottersack aufgebraucht und der Panzer geschlossen ist, steril auf feuchtem Vliespapier oder Tüchern gehalten werden. Nach maximal einer Woche können die Schildkrötenbabys dann in ein vorbereitetes Terrarium mit

Die Breitrandschildkröte bei der Eiablage.
Foto: U. Koschnitzke

ausreichender Beleuchtung und einem kleinen Strahler, der als Wärmequelle dient, umziehen. Als Bodengrund sollte man groben Sand verwenden, auf dem Rindenstücke den jungen Schildkröten als Versteckmöglichkeit dienen. Da die Jungtiere mit Vorliebe baden, sollte immer eine flache, ausreichend große Wasserschale vorhanden sein. Haben die Nachzuchten ein Gewicht von ca. 30 g erreicht, sollten sie etwa vier bis acht Wochen überwintert werden.

Futter: *Testudo marginata* nimmt die schildkrötenübliche Nahrung zu sich.

V. Anhang

Literaturverzeichnis

Adrian, C. (1980): Schildkröten. – Franckh'sche Verlagshandlung, Stuttgart.

Baard, E.H.W. (1987): The Ecology and Conservation Status of the Geometric Tortoise *Psammobates geometricus*: Preliminary Results. – Herp. Assoc. Afr., 36: 72.

Balzereit, H. (1979): Nachzucht der Griechischen Landschildkröte. – DATZ, Stuttgart, 32(2): 64–65.

Barzyk, J.E. (1994): Husbandry and Captive Breeding of the Paarot-Beaked Tortoise, *Homopus areolatus*. – Chelonian Conservation and Biology, 1(2): 138–141.

Basile, I. (1981): Pflege der Sternschildkröte, *Geochelone elegans*. – Die Schildkröte, 3(3): 5–12.

– (1981): Die Indische Sternschildkröte (*Geochelone/Testudo elegans*). – Die Schildkröte, 3(3): 13–14.

– (1982): Futter – Vitamine – Kalk. – Die Schildkröte, 3/4: 17–22.

Baur, B. (1983): Nachzucht bei der Griechischen Landschildkröte, *Testudo hermanni*. – Das Aquarium, 167: 265–267.

Behler, J.L. & F.W. King (1979): The Audubon Society Field Guide to North American Reptiles & Amphibians. – A.A. Knopf, New York.

Benzien, J. (1955): Beobachtungen an meinen Gelenkschildkröten *Kinixys homeana* BELL. – Die Aquarien- und Terrarien-Ztschr., 8(9): 240–243.

Blatt, G. & P. Müller (1974): Die Mortalitätsrate importierter Schildkröten im Saarland. – Salamandra, Frankfurt, 10: 115–125.

Boisson, D. & N. Chapon (1978): Vermehrung von *Testudo sulcata* MILLER in Gefangenschaft. – DATZ, Stuttgart, 31(1): 28–30.

Bour, R. (1985): Les tortues terrestres et d'eau douce de Madagascar et des iles voisines. – Madagascar Recherches Sci. 18: 54–80.

Branch, W.R. (1984): Preliminary Observations on the Ecology of the Angulate Tortoise (*Chersina angulata*) in the Eastern Cape Province, South Africa. – Amphibia-Reptilia, Leiden 5: 43–55.

– (1988): Field Guide to the Snakes and other Reptiles of Southern Africa. – NH, London.

Braun, P. (1986): Abszesse bei der Vierzehen-Steppenschildkröte. – elaphe, Berlin, 8(3): 53.

Broadley, D.G. (1993): A Review of the Southern African Species of *Kinixys* BELL. – Annals of the Transvaal Museum, Pretoria, 36(6): 42–52.

Budde, H. (1980): Verbesserter Brutbehälter zur Zeitigung von Schildkrötengelegen. – Salamandra, Bonn, 16(3): 177–180.

Calmonte, A. (1971): Die Gelbkopf-Landschildkröte *Testudo elongata* BLYTH, 1853. – Aquaterra, Bern, 8: 122–124.

Carr, A. (1968): The Turtle: A Natural History. – Cassell & Co., London.

– (1978): Handbook of Turtles. – Cornell University Press, Ithaca, London.

Cooper, J.E. & O.F. Jackson (1981): Diseases of the Reptilia, Vol. 1 u. 2. – Academic Press, London.

Craig, A.J.F.K. (1973): Evidence for Thermoregulation in the Tortoise *Chersine angulata*. – Zool. Africana, 8(2): 259–264.

Dathe, F. (1984): *Testudo denticulata*. – Aquarien-Terrarien, Berlin, 31(2): 72.

– (1984): *Pyxis arachnoides* BELL, 1827. – Aquarien-Terrarien, Berlin, 31(6): 215.

– (1985): *Testudo (Geochelone) pardalis babcocki*. – Aquarien-Terrarien, Berlin, 32(6): 216.

– (1989): *Geochelone sulcata* (MILLER, 1779) Spornschildkröte. – Aquarien-Terrarien, Berlin, 36(10).

Dornig, V. (1976): Maurische Landschildkröte 36 Jahre in Pflege. – Aquarien-Terrarien, Berlin, 23(4): 135.

Dreier, W. (1985): Angonoka – die seltenste Schildkröte der Welt. – Aquarien-Terrarien, Berlin, 32(12): 418.

Ehrengart, W. (1971): Zur Pflege und Zucht der Griechischen Landschildkröte (*Testudo hermanni hermanni*). – Salamandra, Frankfurt, 7(2): 71–80.

Els, S. (1987): Aspects of the Thermoregulation of *Chersina angulata*. – Herp. Assoc. Afr., 36: 74.

Ernst, C.H. & R.W. Barbour (1989): Turtles of the World. – Smithsonian Institution Press, Washington.

Esterbauer, H. (1985): Ökologische und verhaltensbiologische Beobachtungen an der maurischen Landschildkröte, *Testudo graeca terrestris* FORSKAL, 1775, in Südwestsyrien. – Aquarien–Terrarien, Berlin, 32(11): 389–392.

Fränkel, R. (1984): So züchten wir Griechische Landschildkröten, Sexualverhalten und Fortpflanzung von *Testudo hermanni hermanni*. – Aquarien-Magazin, Stuttgart, 10: 492–495.

Freyhof, J. (1983): Beobachtungen zur Trächtigkeitsdauer bei der Maurischen Landschildkröte, *Testudo graeca terrestris*. – Das Aquarium, 173: 605–607.

Fritzsche, D. & W. Hempel (1990): Haltung und Zucht von *Agrionemys horsfieldii*. – Aquarien-Terrarien, Berlin, 37(1): 24–27.

– (1990): Haltung und Zucht von *Agrionemys horsfieldii*. – Aquarien-Terrarien, Berlin, 37(2): 58–60.

Furrer, J. (1981): Nachzucht bei *Testudo elongata*. – DATZ, Stuttgart, 34: 438–439.

Gabrisch & Zwart (1995): Krankheiten der Heimtiere. – Schlütersche.

Giebner, I. (1976): Zuchterfolg bei der Steppenschildkröte. – Aquarien-Terrarien, Berlin, 23(11): 389.

– (1989): Pflege und Zucht der Steppenschildkröte (*Agrionemys horsfieldii*). – elaphe, Berlin, 11(3): 42–46.

Golle, C. (1986): Rückblick auf die züchterische Tätigkeit der Mitarbeiter der ZAG (Zentralen Arbeitsgemeinschaft) „Schildkröten und Panzerechsen", 1980–1985. – elaphe, Berlin, 4: 57–59.

Gorsemann, P. (1980): Opmerkingen over biotoop en voortplanting van *Homopus areolatus*. – 107–111.

Grzimek, B. (1971): Grzimeks Tierleben, 6. Band, Kriechtiere. – Kindler Verlag AG, Zürich.

Heimann, E. (1986): Zur Aufzucht junger Landschildkröten. – elaphe, Berlin, 8(2): 30–31.

– (1986): Bastardisierung zwischen *Testudo graeca ibera* und *Testudo marginata*. – elaphe, Berlin, 8(3): 48–50.

– (1989): *Testudo marginata* SCHÖPFF. – Amph./Rept.-Kartei, Sauria, Berlin, 11(2): 139–144.

– (1990): *Testudo hermanni* GMELIN. – Amph./Rept.-Kartei, Sauria, Berlin, 12(1–4): 175–178.

Hempel, W. (1988): Haltung und Zucht von *Agrionemys horsfieldii*. – elaphe, Berlin, 10(2): 21–24.

– (1991): *Agrionemys horsfieldii* (GRAY). – Sauria Suppl., Berlin, 13(1–4): 213–216.

Henkel, F.W. & W. Schmidt (1995): Farbatlas der Amphibien und Reptilien Madagaskars, der Komoren, der Seychellen und der Maskarenen. – Ulmer-Verlag, Stuttgart.

Highfield, A. C. (1990): Tortoises of North Africa: Taxonomy, nomenclature, phylogeny and evolution with notes on field studes in Tunesia. – J. Chelon. Herpetol. 1(2): 1–56.

Hiller, A. (1976): Trächtigkeitsuntersuchungen an Schildkröten. – Aquarien-Terrarien, Berlin, 23(12): 426–427.

Honegger, R. E. (1964): Die letzten Riesen von Galapagos. – DATZ, Stuttgart, 17(9): 275–278.

– (1964): Die letzten Riesen von Galapagos II. – DATZ, Stuttgart, 17(10): 309–312.

Honegger, R.E. & C.R. Schmidt (1964): Beiträge zur Haltung und Zucht verschiedener Reptilien. – DATZ, Stuttgart, 17(11): 339–342.

Horn, H.G. (1988): BNA-Führer.

Ippen, R., H.D. Schröder & K. Elze (1985): Handbuch der Zootierkrankheiten, Band 1 Reptilien. – Akademie-Verlag, Berlin.

Isenbügel, E. & W. Frank (1985): Heimtierkrankheiten. – Ulmer-Verlag, Stuttgart.

Iverson, J.B. (1992): A Revised Checklist with Distribution Maps of the Turtles of the World. – Privately Printed, Richmond, Indiana.

Jahn, J. (1974): Schildkröten. – Lehrmeister-Bücherei, Philler-Verlag, Minden.

Janson, G. (1986): Heilkur für kranke Landschildkröten. – Aquarien-Magazin, Stuttgart, 20(1): 20–24.

Jarofke & Lange (1993): Reptilien, Krankheiten und Haltung. – Paul Parey, Hamburg.

Jocher, W. (1979): Schildkröten. – Franckh'sche Verlagshandlung, Stuttgart.

Jungnickel, J. (1985): Aufzucht von jungen *Testudo hermanni hermanni*. – elaphe, Berlin, 7(1): 13–14.

– (1985): Beobachtungen bei der Futteraufnahme von Landschildkröten. – elaphe, Berlin, 7(2): 24–25.

Kabisch, K. (1990): Eineiige Zwillinge bei *Testudo graeca ibera* PALLAS, 1814. – Sauria, Berlin, 12(2): 15–16.

Kirsche, W. (1967): Zur Haltung, Zucht und Ethologie der Griechischen Landschildkröte (Testudo hermanni hermanni). – Salamandra, Frankfurt, 3: 36–66.

– (1971): Metrische Untersuchungen über das Wachstum der Griechischen Landschildkröte (*Testudo hermanni hermanni*). – Zool. Garten N.F., Jena, 40: 47–71.

– (1976): Beitrag zur Biologie der Sternschildkröte (*Testudo elegans* SCHOEPF). – Zool. Garten N.F., Jena, 46(1/2): 66–81.
– (1979): The housing and regular breeding of Mediterranean tortoises. – Internat. Zoo. Yearb., 19: 42–49.
– (1980): Conservation of Tortoises by breeding. – A.S.R.A. J., 1: 27–44.
– (1984): F2-generation of *Testudo hermanni hermanni*, bred in captivity, with remarks on the breeding of Mediterranean tortoises (1976–1981). – Amphibia-Reptilia, Leiden, 5: 31–35.
– (1986): Zucht von Landschildkröten und Artenschutz. – Zool. Garten N.F., Jena, 56: 389–402.
– (1993): Haltung und Nachzucht von Landschildkröten im Zusammenhang mit dem Natur- und Artenschutz. – DATZ, Stuttgart: 172–178.
Klee, O. (1970): Schildkröten lieben rote Früchte. – Aquarien-Magazin, Stuttgart, 4(3): 117–121.
Kleiner, M. (1983): Zur Haltung und Zucht von *Testudo marginata*. – herpetofauna, Weinstadt, 23: 12–16.
– (1988): Zur Haltung und Zucht der Spornschildkröte *Geochelone sulcata* (MILLER, 1779). – herpetofauna, Weinstadt, 10(52): 6–10.
– (1970): Ungeschlachte Ungestüme? – Aquarien-Magazin, Stuttgart, 4(12): 396–401.
Kleiner, M. & E. (1988): Haltung und Zucht von *Testudo marginata*. – elaphe, Berlin, 10(4): 61–65.
Klingelhöffer, W. (1959): Terrarienkunde Bd. IV. – A. Kernen, Stuttgart.
Kornmann, C. (1995): Aufzucht und Pflege der Stutz-Gelenkschildkröte. – DATZ, Stuttgart, 1: 32–34.
Kubin, U. (1987): Schildkrötenzucht im Blumentopf. – Aquarien-Magazin, Stuttgart: 456–457.
Kuchling, G. (1989): Ökologie, Lebensweise und Überlebenschancen der Landschildkröten Madagaskars. – Salamandra, Bonn, 25(4/4): 169–190.
Lambiris, J.L., J.C. Lambiris & S.A. Mather (1987): Observations on Speke's Hinged Tortoise, *Kinixys spekii* GRAY. – Herp. Assoc. Afr., 36: 68–71.
Langmann, J. (1989): *Chelonoidis carbonaria* – die Rotfuß- oder Köhlerschildkröte. – elaphe, Berlin, 11(4): 61–64.
Last, G. (1981): Kranke Schildkröten. – Die Schildkröte, 3(3): 20–24.
Lehmann, H. (1977): Der Veteran meiner Pfleglinge. – Aquarien-Terrarien, Berlin, 24(9): 301.

– (1989): Landschildkröte seit 60 Jahren in Pflege. – DATZ, Stuttgart, 3: 121.
Lehmann, K. (1980): Zum Alter von *Testudo radiata* in Gefangenschaft. – Salamandra, Frankfurt, 16(1): 61.
– (1986): Zum Alter von *Testudo radiata* in Gefangenschaft II. – Salamandra, Bonn, 22(4): 281–282.
Lilge, D. & H. van Meeuwen (1979): Grundlagen der Terrarienhaltung. – Landbuch-Verlag, Hannover.
Lux, E. (1985): Protokoll einer Schildkrötengeburt. – Aquarien-Terrarien, Berlin, 32(10): 351–355.
Marschall, A. & G. Marschall (1993): Erfahrungen bei der Haltung und Nachzucht der Glattrand-Gelenkschildkröte *Kinixys belliana* GRAY, 1831. – Sauria, Berlin, 15(2): 9–13.
Matz, G. (1977): Sur une anomalie de la carapace chez *Testudo* (*Chelonoidis*) *chilensis* GRAY. – Bulletin d.l. Soc. Zool. de France, 102(4): 497–500.
Milstein, P. Le S. (1989): Hibernation of the Kalahari Geometrid Tortoise and other Species in the Transvaal. – 42–44.
Milton, S. & R. Dean (1993): The leopard tortoise in the Karoo. – African Wildlife, 47(1): 27–28.
Müller, G. (1987): Schildkröten. – Ulmer-Verlag, Stuttgart.
Müller, P. (1971): Beobachtungen an brasilianischen *Geochelone carbonaria*. – Aquaterra, Bern, 8: 69–75.
Müller, V. (1986): Amerikanische Rotwangen-Schmuckschildkröten und ihr Leidensweg. – Tierfreund, Soest.
Nietzke, G. (1974): *Testudo carbonaria* – Köhlerschildkröte. – Das Aquarium, 55: 33–34.
– (1974): *Testudo elegans* – Sternschildkröte. – Das Aquarium, 56: 75–76.
– (1974): *Testudo angulata* – Schnabelbrustschildkröte. – Das Aquarium, 57: 121–122.
– (1974): *Testudo horsfieldii* – Vierzehen-Landschildkröte. – Das Aquarium, 58: 169–170.
– (1974): *Testudo pardalis* – Pantherschildkröte. – Das Aquarium, 59: 221–222.
– (1980): Die Terrarientiere, Bd. 1 u. 2. – Ulmer-Verlag, Stuttgart.
– (1984): Fortpflanzung und Zucht der Terrarientiere. – Landbuch-Verlag-Hannover.
Obst, F.J. (1980): Schildkröten. – Aquarien-Terrarien-Ratgeber (AT), Reihe 12. – Urania-Verlag, Leipzig, Jena, Berlin.

– (1985): Die Welt der Schildkröten. – Ed. Leipzig.
Obst, F.J. & W. Meusel (1978): Die Landschildkröten Europas. – A. Ziemsen Verlag, Wittenberg Lutherstadt, Die Neue Brehmbücherei.
Obst, F.J., K. Richter & U. Jacob (1984): Lexikon der Terraristik und Herpetologie. – Edition Leipzig u. Landbuch, Hannover.
Ottis, K. (1981): Situationsbericht aus Sardinien. – Die Schildkröte, 3(3): 19–20.
Pachl, H. (1990): Erfahrungen und Beobachtungen bei der Haltung von *Agrionemys horsfieldii* aus vier Jahren. – Aquarien-Terrarien, Berlin, 37(7): 240–243.
Parker, H.W. & A. Bellairs (1972): Die Amphibien und die Reptilien. – Editions Rencontre Lausanne.
Patterson, R.W., R.C. Boycott & D.R. Morgan (1987): Reproduction and Husbandry of the Leopard Tortoise (*Geochelone pardalis*) in an Alien Habitat. – Herp. Assoc. Afr. 36 Proceedings of the 1987 HAA Stellenbosch Conference: 75.
Perrin, M.R. & B.S. Campbell (1981): Some aspects of thermoregulation in three species of southern African tortoise. – S. Afr. J. Zool., 16(1): 35–43.
Peters, G. (1969): Klasse Reptilia-Kriechtiere. In: Urania-Tierreich, Band 4 – Fische-Lurche-Kriechtiere. – Urania-Verlag, Leipzig, Jena, Berlin.
Peters, U.W. (1981): Drei bemerkenswerte Nachzuchten: Netzpython, Nashorn-Leguan und Gopher-Schildkröte. – Das Aquarium, 15(1): 33–37.
– (1981): Nachzucht der Aldabra-Riesenschildkröte, *Geochelone gigantea*. – Aquarien-Terrarien, Berlin, 28(1): 24–25.
– (1982): The Breeding of Endangered Reptiles, a Success Story. – Zool. Garten N.F., Jena, 52: 21–28.
Petzold, H.G. (1977): Reptilien und Amphibien im „Red Data Book" der IUCN. – Aquarien-Terrarien, Berlin, 24(1): 21–24.
– (1984): Aufgaben und Probleme bei der Erforschung der Lebensäußerungen der Niederen Amnioten (Reptilien). – Verlag für Biologie und Natur, Berlin.
Philippen, H.D. & C. Serbent (1987): Zur Biologie und Ökologie von *Testudo* (*Pseudotestudo*) *kleinmanni* – der Ägyptischen Landschildkröte. – Die Schildkröte (N.F.), 1(4): 3–20.
Preiser, W. (1990): Schildkrötenmassaker in Griechenland. – La Tortue 15: 6.
– (1991): Das Schildkrötendorf. – Öko-Werk-Mag., 5: 32–33.
– (1991): Die Bestandszählung. – La Tortue, 18: 4.
Pritchard, P. C. H. (1979): Encyclopedia of turtles. – TFH-Publ., Neptune, New Jersey.
Rall, M. (1992): Observations on the Growth of the Leopard Tortoise *Geochelone pardalis* in Captivity. – J. Herp. Assoc. Afr. 35: 7–8.
Rau, R. (1971): Weitere Angaben über die Geometrische Landschildkröte, *Testudo geometrica*, 1. – Salamandra, Frankfurt, 7(3/4): 123–136.
– (1976): Weitere Angaben über die Geometrische Landschildkröte, *Testudo geometrica*, 2. – Salamandra, Frankfurt, 12(4): 165–175.
Reichenbach-Klinke, H.H. (1977): Krankheiten der Reptilien. – Gustav Fischer, Jena.
Rogner, M. (1989): Probleme beim Zeitigen von Schildkröten-Eiern. – DATZ, Stuttgart, 42: 148–150.
Rottmann, J. (1969): Zucht der Argentinischen Landschildkröte (*Testudo chilensis*). – DATZ, Stuttgart, 22(9): 282–284.
Rudloff, H.W. (1990): Schildkröten. – Urania-Verlag, Leipzig.
Rudner, I. (1991): Notes on the geometric Tortoise, *Psammobates geometricus*, in Captivity. – J. Herpetol. Assoc. Afr., 39: 13.
Sachsse, W. (1980): Zur Biologie und Fortpflanzung von *Kinixys belliana nogueyi*. – Salamandra, Frankfurt, 16(4): 252–260.
Sahrhage, D. (1976): Erlebnisse mit Griechischen Landschildkröten. – DATZ, Stuttgart, 29(5): 174–175.
Schall, Oliver (1978): Die Köhlerschildkröte. – Aquarien-Magazin, Stuttgart, 12(5).
Schlögl, H. (1969): *Gopherus polyphemus belandieri* im Freilandterrarium. – DATZ, Stuttgart, 2(12): 384.
Schweiger M. (1992): Das Stachelschwein *Hystrix cristata* LINNAEUS, 1758, als populationslimitierender Faktor von *Testudo hermanni hermanni* GMELIN, 1789. – Salamandra, Bonn, 28(1): 86–88.
Schweizer, H. (1966): Ei-Zeitigung, Aufzucht und Entwicklung einer Strahlenschildkröte (*Testudo radiata* SHAW). – Salamandra, Frankfurt: 67–73.
Sochurek, E. (1988): *Malacochersus tornieri* Spaltenschildkröte. – elaphe, Berlin, 10(4): 80.
Steehouder, T. (1994): Een kweekervaring met de

Literaturverzeichnis

Afrikaanse Snavelborst-schildpad (*Chersina angulata*). – Lacerta, 52(5): 106–110.

Stemmler-Gyger, O. (1963): Ein Beitrag zur Brutbiologie der mediterranen Landschildkröten. – DATZ, Stuttgart, 16(6): 180–183.

Stemmler-Morath, C. (1953): Ein weiterer Fundort von *Testudo hermanni robertmertensi* WERMUTH. – Die Aquarien- u. Terrarien-Ztschr. 6(3): 71–72.

Straube, E. (1982): Die Indische Sternschildkröte. – Die Schildkröte, 3/4: 14–16.

Swingland I.R. & M.W. Klemens (1989): The Conservation Biology of Tortoises. – IUCN.

Switak, K.H. (1984): *Geochelone pardalis* – Das Werden einer Pantherschildkröte. – Das Aquarium, 18(9): 481–484.

– (1985): Schildkröten. – Das Aquarium, 187: 36–40.

Tardent, P. (1972): Haltung und Zucht der Sternschildkröte, *Testudo elegans*. – Salamandra, Frankfurt, 8(3/4): 165–175.

Thomas, E. (1969): Fortpflanzungsverhalten bei jungen Griechischen Landschildkröten. – Salamandra, Frankfurt, 5(3/4): 147–148.

Trutnau, L. (1971): Kinder des Südens – Die Breitrandschildkröte lechzt nach Sonne. – Aquarien-Magazin, Stuttgart: 436–439.

Trutnau, L. & M. Vanderhaege (1978): Die Lage der Schildkröten auf Madagaskar. – DATZ, Stuttgart, 31(2): 67–70.

Weissinger, H. (1987): Haltung von *Manouria impressa*, GÜNTER 1882. – elaphe, Berlin, 9(1): 9–10.

Wermuth, H. (1967): Die Argentinische Landschildkröte, *Testudo chilensis* GRAY. – DATZ, Stuttgart, 20(2): 58–61.

– (1969): Gopherschildkröten. – DATZ, Stuttgart, 22(5): 152–153.

– (1977): Wie überwintern wir unsere Landschildkröten? – Aquarien-Magazin, Stuttgart, 11(9): 367–373.

Wermuth, H. & R. Mertens (1961): Schildkröten-Krokodile, Brückenechsen. – Gustav-Fischer, Jena.

– (1977): Das Tierreich, Lieferung 100, Liste der rezenten Amphibien und Reptilien: Testudines, Crocodylia, Rhynchocephalia, – Walter de Gruyter, Berlin, New York.

Wiese, S. (1978): Landschildkröten – richtig gepflegt. – Aquarien-Magazin, Stuttgart, 12(7): 332–337.

Wilke, H. (1981): Ist Schildkrötenhaltung „Glücksache"? – Aquarien-Magazin, Stuttgart, 15(12): 792–795.

– (1985): Schildkröten. – Gräfe u. Unzer-Verlag, München.

Zahner, H. (1992): Erfahrungen bei der Haltung und Zucht der Pantherschildkröte, *Geochelone pardalis pardalis* (BELL, 1828). – Sauria, Berlin, 14(4): 15–19.

Adresssen

**Deutsche Gesellschaft für
Herpetologie und Terrarienkunde
e.V. (DGHT)**
Geschäftsstelle:
Herr Andreas Mendt
Postfach 421
D-53351 Rheinbach

**SIGS Schildkröten-Interessen-
gemeinschaft Schweiz**
Herr Rene Pfetscher
Schulweg 17
CH-4852 Rothrist

**Nederlandse Schildpadden
Vereniging**
Herr Henk Zwartepoorte
Zoo Rotterdam
Postbus 532
NL-3000 AM Rotterdam

**AG Schildkröten und
Panzerechsen der DGHT**
Herr Rainer Engert
Am Pettweg 1
D-68642 Bürstadt

**Schildkrötenfreunde
Österreichs**
Herr Dr. Harald Artner
Waxriegelgasse 1/1/7
A-2700 Wiener Neustadt

**Bundesverband für fachgerechten
Natur- und Artenschutz**
Geschäftsstelle
Postfach 11 10
D-76707 Hambrücken

Register

Abmagerung 75
Abstammung 15
Afrikanische
   Schnabelbrustschildkröte 85
Ägyptische Landschildkröte 177
Aktivitätsphase 32
Aldabra 15, 17, 88, 98
Aldabra-Riesenschildkröte 98
Allantois 47
Alter 36
Aminosäuren 64
Amnion 47
Analblase 45
Anapsida 28
Apathie 75
Appetitlosigkeit 75
Areolen-Flachschildkröte 119
Argentinische Landschildkröte 91
Atemnot 76
Atmung 31
Auge 31
Bakterien 75
Balkon 60
Batagur baska 120
Bauchpanzer 26
Beleuchtungsphase 33
Bergers Flachschildkröte 121
Boulengers Flachschildkröte 123
Braune Asiatische
   Landschildkröte 148
Breitrandschildkröte 181
Brutbehälter 49
Burma-Sternschildkröte 106
Carapax 26
Celebes-Landschildkröte 132
Chagos-Inseln 99
Chersina angulata 40
Cotylosauria 15
Cryptodira 18
Curieuse 99
Dämmerungsphase 32
Deutschland 16
Dornenfortsatz 26
Dotter 47
Duftspur 43
Durchleuchten 47
Eiablageplatz 45
Eidotter 47
Eier 44, 45

Eierstöcke 44
Eigröße 48
Eiklar 47
Embryo 48
England 16
Erdmittelalter 15
Erhaltungsnachzucht 37
Eunotosaurus africanus 15
Europäische Landschildkröte 36, 53
Flachschildkröte 126
Flachrandschildkröte 125
Florida-Gopherschildkröte
Follikel 44
Fortpflanzung 37
Fortpflanzungsperiode 35
Fortpflanzungsprozesse 41
Fortpflanzungszeit 32, 42
Galápagos 17, 21, 88
Galápagos-Riesenschildkröte 100
Gelatine-Futter 72
Gelbe Gopherschildkröte 115
Gelbkopf-Landschildkröte 129
Genarmut 37
Geochelone 88
– *carbonaria* 88
– *chilensis* 91
– *denticulata* 93
– *elegans* 95
– *eocaenica* 17
– *gigantea* 98
– *majusculus* 16
– *nigra* 100
– *pardalis* 103
– *platynota* 106
– *radiata* 106
– *sulcata* 109
– *yniphora* 111
Geometrische Landschildkröte 151
Geruchssinn 31
Geschlechtsorgane 40
Geschlechtsreife 41
Geschlechtsunterschied 39
Gewöhnliche Gopherschildkröte 117
Glattrand-Landschildkröte 133
Griechische Landschildkröte 170
Gopherus 112

– *agassizii* 113
– *berlandieri* 114
– *flavomarginatus* 115
– *polyphemus* 117
Guadeloupe 93
Halsberger 18
Halswender 18
Hauptaktivitätszeit 32
Haut 30
Hautknochen 26
Hautschuppe 30
Höckerbildung 74
Höckerschildkröte 155
Hörvermögen 32
Homopus 29, 47, 63, 119
– *areolatus* 119
– *bergeri* 121
– *boulengeri* 123
– *femoralis* 125
– *signatus* 126
Hornschilder 26
Indien 15, 17, 97
Indische Sternschildkröte 95
Indischer Ozean 98
Individualisten 33
Indotestudo 129
– *elongata* 129
– *forstenii* 132
Inkubation 48
Inkubationszeit 47
Innenparasiten 79, 121
Kalifornische Gopherschildkröte 113
Keimdrüse 39
Keimling 47
Keimruhe 67
Keimscheibe 47, 48
Kinixys 133
– *belliana* 133
– *erosa* 138
– *homeana* 140
– *natalensis* 143
Klima 25
Kloake 35
Kloakenkontakt 44
Knochenpanzer 27
Köhlerschildkröte 88
Körpertemperatur 32, 88
Kopulation 35, 40, 44
Laufende Nase 75

Laute 35
Lebensraum 20, 21
Legenot 79
Lernfähigkeit 36
Lidschwellung 77
Madagassische
   Schnabekbrustschildkröte 111
Madagassische
   Strahlenschildkröte 106
Madagaskar 21,
Malacochersus tornieri 144
Manouria 147
– *emys* 148
– *impressa* 149
Maurische Landschildkröte 165
Mauritius 99
Meeresschildkröte 19
Megalochelys atlas 17
Melanin 32
Membran 47
Mexikanische Gopherschildkröte 114
Mikroklimate 56
Milben 77
Mineralstoffe 71
Mittelamerika 15
Mittelmeer 21
Nachzucht 41
Nasenausfluß 76
Natal-Gelenkschildkröte 143
Nordamerika 15
Ohr 32
Ovarien 45
Paarung 43
Paarungsbereitschaft 44
Paarungsverhalten 41
Paarungszeit 44
Pantherschildkröte 103
Panzer 25
Panzerkrümmung 51
Parasiten 75
Partnerbindung 41, 43
Partnerselektion 41
Partnersuche 32
Penisvorfall 79
Physiologische Prozesse 32
Pinealorgan 32

Plastron 26
Plastralscharnier 165
Pleistozän 17
Pleurodira 18
Prämaxillarknochen 50
Prophylaxe 76
Psammobates 47, 151
– *geometricus* 151
– *oculiferus* 153
– *tentorius* 155
Pyxis 160
– *arachnoides* 160
– *planicauda* 163
Quarantäne 75
Reizüberflutung 44
Reunion 99
Riesenschildkröte 21, 26, 88, 98
Rodriguez 98
Rotfuß-Schildkröte 88
Rückenpanzer 26
Schlechtwetterperiode 56
Schildkrötenaspik 72
Schlupf 50
Schlupfvorgang 50
Schnabelbrustschildkröte 85
Schwanznagel 30, 39
Schwarze Asiatische
   Landschildkröte 148
Seefahrer 98
Sonne 32
Sonneneinstrahlung 56
Spaltenschildkröte 144
Spermaspeicherung 44
Spinnenschildkröte 160
Sporen-Flachschildkröte 125
Spornschildkröte 109
Sri Lanka 95, 99
Stachelrand-Gelenkschildkröte 138
Stachelrand-Landschildkröte 153
Stutz-Gelenkschildkröte 140
Steppe 20
Stimmfähigkeit 31
Streß 45, 75, 80
Südafrika 15
Südeuropa 15
Südostasien 15

Systematik 17
TAGA 50
Temperaturen 32
Temperatursinn 32
Tertiär 17
Testudines 15
Testudinidae 18, 85
Testudo 165
– *comptoni* 16
– *graeca* 165
– *hermanni* 170
– *horsfieldii* 174
– *kleinmanni* 177
– *marginata* 181
Trächtigkeit 44
Tränken 73
Transvancore-Landschildkröte 132
Trommelfell 32
Turnierkämpfe 33
Überwinterung 67
Umgebungstemperatur 32
UV-Strahler 53
Vegetationszonen 21
Verbreitungsgebiet 15
Verklebte Augen 76
Verletzungen 79
Vermehrungsrate 50
Vierzehen-Landschildkröte 174
Viren 75
Vitamine 71
Waldschildkröte 93
Wasserreservoir 45
wechselwarm 32
Westasien 15
Winterruhe 21, 42, 67
Winterstarre 67
Wohnhöhlen 25
Wüsten 20
Zecken 77
Zeitigungsdauer 48
Zirbeldrüse 32
Zucht 37
Zuchtauswahl 37
Zuchtgruppe 41

Terrarien Bibliothek
Lebendige Fachliteratur

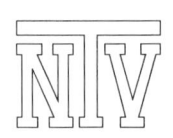

Harlekinfrösche der Gattung Atelopus — Ralf Heselhaus, Matthias Schmidt	 **Wie pflege ich: Pfeilgiftfrösche** — Gabriele Schmidt	**Agamen** — Ulrich Manthey, Norbert Schuster	**Leguane** — Hubert Bosch, Heiko Werning	 **Karibische Anolis** — Ralf Heselhaus, Matthias Schmidt
14,80 DM	24,80 DM	26,80 DM	24,80 DM	19,80 DM

Wasseragamen — Heiko Werning	 **Chamäleons – Drachen unserer Zeit** — W. Schmidt, K. Tamm, E. Wallikewitz	 **Boa constrictor** — Hubert Bosch	 **Riesenschlangen** — Wolfgang Wengler
39,80 DM	49,80 DM	39,80 DM	49,80 DM

Kornnattern — Wolfgang Schmidt	 **Vogelspinnen** — Ann Webb	 **Schildkröten im Gartenteich** — Veronika Müller, Wolfgang Schmidt
39,80 DM	39,80 DM	34,00 DM

Natur und Tier – Verlag

Matthias Schmidt · Grevener Straße 163 · 48159 Münster · Telefon 02 51/29 70 13 · Telefax 02 51/24 85 30